Heino Stöver

Drogenfreigabe
Plädoyer für eine
integrative Drogenpolitik

W0088925

Heino Stöver

Drogenfreigabe

Plädoyer für eine

integrative Drogenpolitik

CIP-Titelaufnahme der Deutschen Bibliothek

Stöver, Heino:
Drogenfreigabe: Plädoyer für eine integrative Drogenpolitik/
Heino Stöver. – Freiburg im Breisgau: Lambertus, 1994

ISBN 3-7841-0661-7

Umschlaggestaltung: Christa Berger, Solingen
Umschlagfoto: Uwe Stratmann, Wuppertal
Satz: Martin Fischer, Tübingen
Druck: Druckerei F.X. Stückle, Ettenheim
ISBN 3-7841-0661-7

Inhalt

Einleitung

Man spricht viel von Aufklärung, und wünscht mehr Licht. Mein Gott was hilft aber alles Licht, wenn die Leute entweder keine Augen haben, oder die, die sie haben, vorsätzlich verschließen?

Georg Christoph Lichtenberg (1742–1799)

Der Ruf nach einer grundsätzlichen Umorientierung in der Drogenpolitik und Verzicht auf das bislang dominierende Strafrecht wird von immer mehr Politikern, Experten, Praktikern und Betroffenen erhoben. Diesen Forderungen liegen zwar unterschiedliche Motive und Interessen zugrunde, ordnungs- und gesundheitspolitische, ökonomische, verfassungsrechtliche und rechtsphilosophische Argumentationen stehen nebeneinander, und die praktischen Umsetzungskonzepte klaffen in Bezug auf Reichweite und Zeitperspektive weit auseinander. Neu ist jedoch, daß die Diskussion um eine Beendigung der selektiven Drogenprohibition nicht länger tabuisiert wird. Was bis vor kurzem noch den Verlust wissenschaftlicher Reputation und die öffentliche Brandmarkung als Dissident bedeutet hätte, gilt inzwischen quer durch alle Parteien als zumindest diskutierbar. Angesichts der augenfälligen Negativfolgen des strafrechtlichen Drogenverbots für Gesundheit und soziale Lebensbedingungen der KonsumentInnen wie auch für die rechtsstaatliche Verfassung der Gesellschaft fordern inzwischen selbst Drogenhilfeverbände und -institutionen eine Legalisierung von Heroin. So heißt es in der Streitschrift der Palette e.V., eines Hamburger Trägers von Drogenhilfeinstitutionen:

> „An der Legalisierung führt kein Weg mehr vorbei, wenn den Abhängigen von heute grundsätzlich geholfen und den Konsumenten von morgen ein ähnliches Schicksal erspart bleiben soll. Die Legalisierung von Heroin ist für uns keine ‚positive Utopie‘, aber auch keine Kapitulation vor der Macht der Droge. Es ist die Abkehr von einem Irrtum, der furchtbare Folgen hatte. Die Legalisierung von Heroin ist die Voraussetzung für den Versuch, das Drogenproblem mit demokratischen und friedlichen Mitteln anzugehen und nicht mit dem Säbelgerassel eines ‚war on drugs‘. Die Legalisierung von Heroin kann denjenigen Menschen, die die bisherige Drogenpolitik nicht hat schützen können, ihre Lebens- und Bürgerrechte zurückgeben." (Palette e.V. 1992, 31)

Die Probleme, die Menschen durch Drogen und vor allem durch die Folgen der Drogenpolitik bekommen, können nicht länger nach dem Prinzip des „more of the same" durch verschärfte Strafverfolgung und Ausbau der Beratungs- und Therapieangebote aufgefangen werden, sondern nur durch eine radikal veränderte Drogenpolitik, die allerdings auf eine nur noch perfektere Verkopplung von „justitiellen Zwängen" und Therapie zu verzichten hätte (vgl. Heckmann 1989, Bühringer 1989).

Mit einem im Vergleich zur Aufmerksamkeit gegenüber legalen Drogen großen Aufwand werden in den Medien die Zahlen der Toten von illegalen Drogen, der polizeilich erstauffälligen Konsumenten, der Beschlagnahmungsmengen von Polizei und Zoll ausgebreitet und das „Drogenelend" im allgemeinen beklagt. Gleichwohl erfahren viele Menschen vor allem in den Großstädten und erst recht viele mittelbar oder unmittelbar Beteiligte (Richter, Anwälte, Ärzte, Eltern), daß das Drogenelend vor allem ein Drogen*politik*elend ist: Die Organe der Drogenpolitik, Strafverfolgungsbehörden und Institutionen der Drogenhilfe und -prävention, sind nicht nur heillos überfordert, sondern ihre Ziele widersprechen einander: Bekämpfung des Drogenangebots sowie Bestrafung von Konsumenten und Händlern auf der einen Seite, Hilfeangebote und Aufklärung auf der anderen Seite blockieren sich wechselseitig. Da wird etwa aus AIDS-präventiver Sicht Verhaltensänderung von den DrogenkonsumentInnen gefordert, zur gleichen Zeit aber der Mannschaftsbus der Bereitschaftspolizei direkt vor dem Spritzenautomaten postiert ...

ExpertInnen weisen darauf hin, daß die Drogenpolitik mit dem Strafgesetzbuch vor allem die Möglichkeiten beschneidet, wirksame Hilfe zu leisten. Die gegenwärtige Praxis selektiver Prohibition geht von der Möglichkeit einer „friedlichen Koexistenz" von strafrechtlichem und helfendem Ansatz aus. Dies ist eine Fiktion! Das Strafrecht dominiert und stört die Drogenhilfe und weist ihr vor allem in den Metropolen immer stärker die Aufgabe einer „Schadensbegrenzung" zu. Statt Drogenprobleme in Angriff nehmen zu können, hat sie alle Hände voll mit den Drogenpolitikproblemen zu tun. Zudem legitimiert und stabilisiert das selektive Verbot die Stigmatisierung von DrogenkonsumentInnen und ihre öffentliche Wahrnehmung als durchweg beratungs- und behandlungsbedürftige Kranke und Opfer.

Der gesetzlichen Aufspaltung entsprechend werden die illegalisierten Drogen dämonisiert und gegenüber den legalen abgegrenzt, die freilich als Genußmittel bezeichnet werden. Statt sachlich über die Gefährdungs- und Genußpotentiale aller Drogen aufzuklären, tendiert die Prävention dazu, das staatliche Verbot nachträglich zu rechtfertigen und den illegalen Drogen eine besondere Gefährlichkeit zu unterstellen.

Der selektiven Prohibition ist es jedoch in general- wie in spezialpräventiver Hinsicht nicht gelungen, Neueinsteiger wirksam abzuschrecken oder Abhängige zu einer Verhaltensänderung zu bewegen. Statt dessen hat sie die Probleme der DrogengebraucherInnen verschärft (Verelendung, Haft-, Therapie- und Psychiatrieaufenthalte), weitere gesellschaftliche Probleme geschaffen (Abbau von Freiheitsrechten, Korruption, Beschaffungskriminalität) und ist zum Motor und Garanten eines Schwarzmarktes geworden, der sich weltweit etablieren konnte und mit polizeilichen Mitteln nicht mehr eingedämmt werden kann. Kurz: das Strafrecht ist nicht nur ineffektiv den eigenen Ansprüchen gegenüber, sondern sogar kontraproduktiv.

Und doch *muß* die selektive Prohibition in sozialpsychologischer wie sozialpolitischer Perspektive eine wichtige Funktion erfüllen, anders ist der enorme Bedeutungsüberhang, den die öffentliche Debatte über die illegalen Drogen einnimmt, nicht zu erklären. Die Definition des Konsums bestimmter Drogen als soziales Problem höchster Rangordnung und die strafjustitielle Verfolgung der Konsumenten und Händler als Kranke, Opfer oder Kriminelle legt die Vermutung nahe, daß die Mehrheit der Bevölkerung ihren eigenen Drogenkonsum auf Kosten einer Minderheit legitimieren will. Die Aussonderung dieser Minderheit in Spezialeinrichtungen zur Sicherung und Besserung kann als gesellschaftliche Selbstreinigungsprozedur verstanden werden, bei der jene bestraft, behandelt und ausgegrenzt werden, die – nicht zuletzt aufgrund der strafrechtlichen Verfolgung – ihre Kontrolle und damit Mündigkeit verloren haben. Das medial vermittelte Schreckbild des verelendeten, kriminellen Junkies verkörpert exemplarisch die Figur des Besessenen und Bösen, der mit allen Mitteln und den besten Absichten behandelt werden sollte – notfalls auch gegen seinen Willen. Der „Junkie" repräsentiert und in ihm verfolgt man die Angst vor individueller oder kollektiver Dekompensation, die zu betäuben der eigene – legale – Drogenkonsum nicht zuletzt dient.

Der hier vorgelegte antiprohibitionistische Gegenentwurf orientiert sich an den Prinzipien von Selbstbestimmung, Aufklärung und bedürfnisorientierter Drogenhilfe ohne Strafrecht. Die Drogenpolitik hat zu akzeptieren, so die im folgenden ausgeführte These, daß der Gebrauch legaler oder illegaler Drogen ein selbstbestimmter Akt menschlichen Handelns ist. Im Vordergrund steht dabei zunächst die Suche nach Genuß und Lust. Im gesamten Drogendiskurs, vor allem im Bereich der Prävention, bleiben die positiven Effekte der Drogen, um derentwillen sie schließlich genommen werden, ausgeblendet. Statt dessen hofft man durch Perhorreszierung angeblich unbeherrschbarer Substanzen Abschreckungseffekte zu erzielen, gelangt dabei aber über lebensweltfremde Zeigefinger-Pädagogik nicht hinaus. Die positiven Funktionen des Drogengebrauchs in der Adoleszenz und seine Bedeutung in der Alltagsbewältigung für Erwachsene müssen ernstgenommen und mit sachlichen Informationen aufgegriffen werden. Für diejenigen, die Probleme mit Drogen oder mit dem oft damit verbundenen Lebensstil bekommen, müssen adäquate Hilfen entwickelt und bereitgestellt werden.

Staatliche Einmischung in persönliche Drogenwahl und individuelle Gebrauchsmuster kann dabei nur stören. Ohne legalen Zugang zu Drogen ist eine menschenwürdige Drogenpolitik, glaubwürdige Prävention und effektive Drogenhilfe nicht denkbar!

„Legalisierung" – als Grundlage eines anderen Kontrollmodells – ist trotz vieler Diskussionen immer noch ein Reizwort, avanciert sogar zu einem neuen Kampf- und Ausgrenzungsbegriff in einer Debatte, die ähnlich glaubenskriegsartig geführt zu werden droht, wie die gerade überstandene Methadondiskussion: So wird Legalisierung öffentlichkeitswirksam reduziert auf Freigabe bisher illegaler Drogen, im Sinne von gesetzlich zugelassenem „Über-den-Ladentisch-Verkauf". Horrorszenarien von Kokain im Supermarkt oder gar „Automatenabgabe" von Drogen, mithin Zugänglichkeit für jedermann, werden beschworen; Prohibitionskritiker haben sich Kapitulation vor dem organisierten Verbrechen sowie jugend-, gesundheits-, sozial- und rechtspolitische Verantwortungslosigkeit vorhalten zu lassen. Befürworter eines nicht-prohibitiven Kontrollansatzes werden als skrupellose „Verführer der Jugend" beschimpft, die den Drogen und dem Drogenverbrechen alle Schleusen öffnen. In der fachpolitischen Auseinandersetzung wird ihnen darüber hinaus unterstellt, sie hegten die Illusion einer „Lösung des Drogenproblems" durch Legalisierung. Um es vorweg zu nehmen: Es gibt keine „Lösung des Drogenproblems", jedenfalls wird hier keine angeboten. Auch unter legalen Bezugsbedingungen würden Menschen Probleme mit Drogen haben, vielleicht sogar in größerer Zahl als bisher, wie das Beispiel der kulturintegrierten Drogen Alkohol und Nikotin vermuten läßt.

Ein Verzicht auf die Prohibition würde jedoch die Drogenprobleme entscheidend verändern: Suchtprobleme, wie sie in vielfältiger Weise mit vielen Formen problematischen Konsums bekannt sind, könnten differenziert und vor allem freiwillig angegangen werden, wenn nicht mehr die Drogenpolitikprobleme – Wohnungs- und Obdachlosigkeit, soziale Ausgrenzung in Haft, Therapie oder Psychiatrie, Schulden, Zerstörung der Familie, gesundheitliche Schädigungen – alle Kräfte absorbierten.

Fruchtbar kann die Diskussion um Legalisierung nur werden, wenn sie mit konkreten Überlegungen zur praktischen Umsetzung verbunden wird. Nur dann ist nüchtern abzuschätzen, welche Interessen die gegenwärtige Dominanz des Strafrechts in der Drogenpolitik aufrechterhalten.

Die Beschäftigung mit diesem Thema hat bei mir eine Karriere durchlaufen: Während ich vor zehn Jahren in einer Diplomarbeit noch für eine moderate Entkriminalisierung plädiert habe, bin ich mittlerweile davon überzeugt, daß eine Entkriminalisierung nicht ohne eine weitergehende Legalisierung gedacht werden kann. Die Forderung nach Entkriminalisierung des unmittelbaren Umgangs mit Drogen (Konsum, Einfuhr, Ausfuhr, Anbau) kann nur ein notwendiger Zwischenschritt sein auf dem Weg zu einem Drogenkontrollmodell, das unter weitestgehendem Verzicht auf das Strafrecht die Produktion, Distribution, Qualität überwacht, den Jugendschutz garantiert, eine Schädigung Dritter ausschließt und generell den Umgang mit Drogen sachlich und nach Gefährdungspotentialen differenziert regelt.

Integrative Drogenpolitik bedeutet denn auch: Abschaffung eines Sondergesetzes, das hauptsächlich die Strafen für den Umgang nur mit bestimmten Drogen regelt, das durchweg Sondermaßnahmen und Spezialdienste für DrogenkonsumentInnen nach sich zieht und auf diese Weise eine Sonderwirklichkeit produziert, die ausschließlich gesellschaftlichen Ausgrenzungsbedürfnissen entgegenkommt:

Therapie in Sondereinrichtungen statt Strafvollstreckung, Substitution als gesonderte Krankenbehandlung unter restriktivsten Bedingungen und nur für wenige, Sondersprechstunden und -wartezimmer beim substituierenden Arzt, spezielle Sozialämter für Drogenabhängige, Sonderdienste der Sparkassen zur Auszahlung der Sozialamtsschecks, natürlich Sonderkommissionen bei der Polizei und Sonderstaatsanwaltschaften.

Fragen und Unsicherheiten bleiben auch nach aller Beschäftigung mit dem Thema. Sie sind allerdings nicht so groß, daß sie die gegenwärtige Praxis des selektiven Verbots rechtfertigen könnten. „Keine Drogenpolitik kann eine ‚Lösung des Drogenproblems‘ erreichen, jede wird Nachteile haben. Die beste Drogenpolitik ist die mit den wenigsten Nachteilen". (Hess 1992, 41). Ängste werden bei vielen Menschen bleiben. Vielleicht kann man sie abbauen, wenn einerseits über flankierende Maßnahmen nachgedacht wird, die es ermöglichen, die erhofften positiven Wirkungen beim Konsum von Drogen zu genießen, und wenn andererseits für die zu erwartenden negativen Wirkungen adäquate Hilfen bereitgestellt werden.

I. Das Scheitern der selektiven Drogenprohibition

1. Mißachtung des Rechts auf Selbstbestimmung

Angesichts der Selbstverständlichkeit, mit der die Öffentlichkeit vom Drogenkonsumenten Verhaltensänderungen erwartet, angesichts der Normalität entwürdigender und oft inhumaner Druckmittel zur Erzeugung von Entzugsmotivation und Abstinenz in der Strafverfolgung und vor allem in den Therapien, hat man es fast vergessen: „Jeder hat das Recht auf die freie Entfaltung seiner Persönlichkeit, soweit er nicht die Rechte anderer verletzt und nicht gegen die verfassungsmäßige Ordnung oder das Sittengesetz verstößt" (Art. 2 Grundgesetz).

Dieses Recht betrifft auch die Entscheidung zum Konsum einer Droge. Eine möglicherweise auftretende Selbstgefährdung oder -schädigung aufgrund dieses Drogengebrauchs darf für den Staat kein Anlaß sein, das stärkste Mittel in Anschlag zu bringen, über das er verfügt: das Strafrecht. Schließlich käme auch niemand auf den Gedanken, anderes potentiell gesundheitsriskantes Verhalten (Drachenfliegen, Bergsteigen, U-Bahn-Surfen, falsche Ernährung …) unter Strafe zu stellen. Obendrein verbietet der Staat nur ausgewählte Substanzen. Die immensen Selbstschädigungen aufgrund des verbreiteten Genusses von Nikotin und Alkohol oder durch übermäßiges Essen bleiben ohne Sanktion. Mit der selektiven Prohibition macht sich der Staat zum Agenten partikularer Moralvorstellungen, die er für allgemeinverbindlich erklärt. Mit evidenten Rechtsgutverletzungen läßt sich das Verbot bestimmter Drogen jedenfalls nicht rechtfertigen. Die Prohibition als Kernstück der herrschenden Drogenpolitik und die ihr implizite Abstinenznorm verletzt also die in der Verfassung garantierten Grundrechte auf freie Entfaltung der Persönlichkeit und Gewissensfreiheit.

> „Es entspricht dem Menschenbild des Grundgesetzes, daß jeder der im Vollbesitz seiner geistigen Kräfte ist, mit sich machen kann, was er will, sofern er dabei nicht in die Rechte anderer eingreift … Grundsätzlich muß jeder selbst wissen, was er mit sich macht. Diese Grundsätze werden verletzt, wenn den Bürgerinnen und Bürgern mit dem Mittel des Straf-

rechts ein Verhalten untersagt wird, von dem die Bürgerinnen und Bürger wissen, das es allenfalls sie selbst schädigt." (Neskovic 1992, 4).

Statt sich in den allenfalls selbstschädigenden Konsum heute noch illegaler Drogen einzumischen, hätte der Staat die Aufgabe, gesundheitsfördernde und schadensminimierende Verhaltensweisen zu unterstützen. Mit der selektiven Prohibition fördert er dagegen eine Doppelmoral, zu deren Rechtfertigung er auf ein rational kaum nachvollziehbares Begründungswirrwar aus angeblicher Gefährlichkeit, vermeintlichen Abschreckungswirkungen, internationalen Verpflichtungen und Volkes Stimme zurückgreift. Das Ganze hinterläßt einen Nachgeschmack von Unglaubwürdigkeit vor allem angesichts der immer stärkeren Enkulturation von Drogen.

Der Prozeß der Integration bestimmter Drogen in den Alltag vieler Menschen ist nicht mehr rückgängig zu machen. In Deutschland sollen beispielsweise inzwischen etwa drei bis vier Millionen Menschen Cannabis konsumieren. Vollends unglaubwürdig wird die repressive Fürsorglichkeit dadurch, daß sie die Menschen zwar durch Strafandrohung von einem potentiell selbstschädigenden Verhalten abzuhalten versucht, sich um äußere Gesundheitsrisiken (Luftverschmutzung, Ozonbelastung, Strahlenrisiken, Klimaveränderung), die man nicht frei wählen kann, sondern denen man vom Tage der Geburt an ausgesetzt ist, aber reichlich wenig schert.

2. DAS NICHTERREICHEN SELBSTFORMULIERTER ZIELE

2.1 Der generalpräventive Anspruch

Jede strafrechtlich orientierte Drogenpolitik beruht auf der Prämisse, daß eine massive Strafandrohung und eine deutliche Demonstration der Ernsthaftigkeit dieser Drohung durch intensive Verfolgung und Verurteilung von Verstößen geeignete und unverzichtbare Mittel darstellen, um potentielle Konsumenten vom Gebrauch bestimmter Drogen abzuhalten. Verfechter der geltenden Drogenpolitik verteidigen die These, Strafandrohung und -verfolgung seien adäquate Instrumente zur Durchsetzung der Abstinenz von bestimmten Drogen, mit hilflosen Behauptungen vom Schlage, „es hätte alles noch viel schlimmer kommen können" oder „im Ausland sei es genauso

14

schlimm". Alle Indikatoren deuten auf ein Scheitern dieses general-präventiven Anspruchs; sämtliche verfügbaren Zahlen weisen eine Steigerung zum Negativen auf:

(1) Zunächst ist in den letzten 23 Jahren eine Zunahme der Zahl poli-zeilich erfaßter Rauschgiftdelikte von 4.761 (1969) auf über das 26 fache, nämlich 123.903 Fälle (1992) zu verzeichnen (BKA 1993). Vor allem seit 1985 (60.000 Fälle) steigt die Zahl der Verstöße rapide an. Knapp zwei Drittel dieser erfaßten Rauschgiftdelikte wurden als allgemeine Delikte nach § 29 BtMG bewertet (Konsumdelikte). Wohlgemerkt: all dies betrifft nur die der Polizei bekanntgeworde-nen Taten. Über die tatsächliche Größenordnung der Verstöße gegen das Drogenverbot ist damit nichts ausgesagt. Experten gehen davon aus, daß weniger als 10 % aller abhängigen Drogenkonsumenten (Kaiser 1980, 354) und weniger als 1 % aller Haschischfälle (Kreu-zer 1986, 398) polizeilich ermittelt werden.
(2) Die Zahl von Verurteilungen wegen Verstößen gegen das Betäu-bungsmittelgesetz steigt: von 17.128 (1986) auf 27.945 (1989). 82,2 % der Verurteilungen entfielen auf § 29 I BtMG (allgemeine Grundtatbestände unterhalb bestimmter Mengengrenzen). Die Kri-minalisierung trifft immer noch zum größten Teil Cannabiskonsu-menten mit Eigenbedarfsmengen. Im Jahre 1987 wurden nach § 29 Abs. I BtMG 9.315 Personen im Zusammenhang mit Cannabis ver-urteilt, 2.999 in Zusammenhang mit Heroin, 267 mit Kokain.
(3) Die Zahl der im Zusammenhang mit Rauschgiftdelikten regi-strierten Tatverdächtigen ist von 1.937 (1968) auf 93.038 (1992) an-gestiegen. Davon sind mehr als zwei Drittel Wiederholungstäter, im Gegensatz zu 39,8% bei der Gesamtkriminalität. Besonders hoch ist der Anteil der mehrfach Straffälligen bei Heroindelikten.
(4) Die Zahl der polizeilich festgestellten erstmalig auffälligen Kon-sumenten sogenannter harter Drogen steigt stark an: von lediglich 3.246 Personen im Jahre 1985 auf 14.346 im Jahre 1992.
(5) Seit spätestens 1985 steigt auch die Zahl der Drogentoten rapide an: von 324 (1985) auf 2.099 (1992) und scheint sich auf einem sehr hohen Niveau einzupendeln. Auch für 1993 wird mit etwa 2.000 To-ten zu rechnen sein.
(6) Die geschätzte Zahl Drogenabhängiger muß seit 1970 beständig nach oben korrigiert werden: Keup ging 1970 in seinem Bericht für

die Deutsche Hauptstelle gegen die Suchtgefahren noch von 30–40.000 Abhängigen aus; das Bundespresse- und Informationsamt schätzte 1987 eine Zahl unter 50.000; Bundeskriminalamt, Bundesinnenministerium und Experten gingen Anfang der 90er Jahre von etwa 100.000 Konsumenten harter Drogen (Leune 1990, 43) aus. Diese Zahl ergibt sich bereits durch eine Addition der jemals polizeilich registrierten Konsumenten harter Drogen. Die Zahl von Cannabiskonsumenten wird gemeinhin auf drei bis vier Millionen geschätzt.

(7) Die Mengen beschlagnahmter Drogen dokumentieren nicht nur die Zunahme polizeilicher Aktivitäten (darunter auch Scheinkäufe und anschließende Sicherstellungen), sondern spiegeln auch Angebots- und Nachfrageentwicklungen wider: Seit 1986 steigen die sichergestellten Mengen an Heroin kontinuierlich, das gleiche gilt schon seit 1975 für Kokain, bei Haschisch und Marihuana wechseln die beschlagnahmten Mengen. Dies deutet auf eine gestiegene Nachfrage nach illegalen Drogen in der Gesellschaft hin.

(8) Die Gewinne des internationalen Drogenhandels steigen beständig: Der vermutete Umsatz liegt bei der astronomischen Summe von 500 Milliarden US-Dollar. Das Bundeskriminalamt spricht für Deutschland von einer zunehmenden „Brutalisierung und Professionalisierung des Rauschgifthandels" (BKA 1992, 67).

(9) Die Verkaufspreise von Heroin und Kokain sind in den letzten Jahren niedriger geworden. Darüber hinaus hat sich die Qualität dabei scheinbar verbessert (Bürgerschaft 1991, 62).

Die Auffassung, das Strafrecht halte Menschen vom Konsum illegaler Drogen ab, wird durch diese Zahlen, die das Dunkelfeld von Neueinsteigern und Probierern nicht einmal aufzuhellen versuchen, nicht bestätigt. Zahlen, welche die Wirksamkeit der Generalprävention belegen könnten, liegen dagegen nicht vor. Die Verschärfung der Verfolgung und Bestrafung von Konsumenten illegaler Drogen zu Beginn der 70er Jahre ebenso wie die erneute Verschärfung Anfang der 80er Jahre haben die erwünschten generalpräventiven Effekte nicht erbracht. Nach der skizzierten Entwicklung erscheint es auch unwahrscheinlich, daß durch weitere Strafverschärfungen und Ausdehnung polizeilicher Ermittlungsbefugnisse das Angebot oder die Zahl der Konsumenten zu reduzieren ist.

Selbst Todes- oder Körperstrafen sind offensichtlich nicht abschrek-
kend genug, um die Drogenkriminalität bzw. den Drogengebrauch
einzudämmen: In mindestens 23 Staaten der Welt, die meisten von
ihnen Drogenerzeugerländer wie China und Malaysia, werden laut
amnesty international (AI 1991) Verstöße gegen Anti-Drogengesetze
mit dem Tod bestraft. Doch gerade in diesen Staaten steigt offenbar
die Zahl der Drogengebraucher und damit auch die Drogenkriminalität (Spiegel 1989, 73 ff.). Drogenabhängige reagieren nicht
durch Konsumverzicht auf Strafandrohung oder hohe Preise, sondern beschaffen sich Drogen zu jedem Preis und um (fast) jeden
Preis. In Erweiterung einer ökonomischen Kategorie könnte man sagen: Die Nachfrage ist nicht nur preis- sondern auch strafunelastisch.
Eine Erfahrung, die sich jüngst in Italien bestätigte. Dort hatte man
1990 versucht, einer Ausweitung des Drogengebrauchs mit einem
„Antidrogengesetz" zu begegnen, das eine schärfere Kriminalisierung schon der Konsumenten vorsah: Bei der ersten polizeilichen
Auffälligkeit mit mehr als der Tagesdosis erfolgten administrative
Strafen wie Führerschein- oder Paßentzug, bei erneuten Auffälligkeiten sich steigernde Haftstrafen. Die Folge war eine wachsende
Zahl von Drogenabhängigen in den Gefängnissen; sie machten
schließlich mehr als die Hälfte der 50.000 Insassen aus. Im Januar
1993 wurde das Gesetz durch ein Dekret wieder rückgängig gemacht, das Konsumenten erlaubt, eine dreifache Tagesdosis bei sich
zu führen. Erst bei Besitz größerer Mengen werden sie als Kleinhändler eingestuft (vgl. Raith 1993).
Das Drogenverbot kann nicht durchgesetzt werden, das beweisen allein hohe KonsumentInnenzahlen trotz der Sanktionsdrohungen und
prohibitionsbedingten Risiken. Was aber nützt ein Verbot, das der
Staat nicht durchsetzen kann?

2.2 Der Verfolgungsapparat

Die Strafverfolgung steht vor dem Problem, den Umgang mit Substanzen zu verfolgen, die von erheblichen Teilen der Gesellschaft gewünscht und benutzt werden, ohne daß es legale Kanäle der Versorgung gibt. Die Polizei muß ohne die Mithilfe eines geschädigten,
anzeigenden Opfers vorgehen und muß andere als „opferzentrierte"
Informationsquellen ausfindig machen. Um diese Aufgaben bewälti-

gen zu können, ist der Verfolgungsapparat in den letzten Jahren mit enormen personellen und materiellen Ressourcen ausgerüstet und perfektioniert worden. Allein der Nationale Rauschgiftbekämpfungsplan (BMJFFG/BMI 1990, 35) sieht 400 zusätzlich zu schaffende Stellen für das Bundeskriminalamt vor. Ein Heer von beamteten Undercover-Agenten, V-Leuten und agents provocateurs unterwandern ausgerüstet mit Drogen, Waffen und Wanzen nicht nur die Szene, sondern auch den Rechtsstaat. Gegenwärtig wird im Innenministerium darüber nachgedacht, verdeckt ermittelnden Polizeibeamten „milieubedingte Straftaten" zu gestatten. Damit soll, so der Bundesvorsitzende der Polizeigewerkschaft im Deutschen Beamtenbund, Thiemann, den verdeckten Ermittlern der Einstieg in die kriminelle Szene gelingen, weil sie sich durch „kleinere Vergehen" die Anerkennung solcher Gruppen verschaffen können (vgl. Weser-Kurier, 4.6.1991). Die Gesetzeshüter sollen nun Gesetze brechen dürfen, wobei offen bleibt, was alles unter die „milieubedingten Straftaten" fällt: Dealerei, Brandstiftung, Anstiftung zum Totschlag …

Das Gesetz zur „Bekämpfung des illegalen Rauschgifthandels und anderer Erscheinungsformen der Organisierten Kriminalität (OrgKG)" enthält erhebliche Befugniserweiterungen für die Ermittlungsbehörden: den Einsatz verdeckter Ermittler sowie akustischer und optischer Überwachungsgeräte, Regelungen über die Rasterfahndung und die polizeiliche Beobachtung, Strafverschärfungen, so die Einführung einer Mindestfreiheitsstrafe von fünf Jahren für Mitglieder von Drogenbanden, Heraufstufung von besonders schweren Fällen der Rauschgiftkriminalität von Vergehen zu Verbrechen, verschärfte Strafbarkeit der gewerbsmäßigen Hehlerei, der Bandenhehlerei und des Bandesdiebstahls sowie die Erweiterung des § 129 des Strafgesetzbuches auf ausländische kriminelle Vereinigungen, deren Zweck auf den Vertrieb von Betäubungsmitteln gerichtet ist. Eine Vermögensstrafe wird eingeführt, die sich nicht nach dem Tagessatzsystem, sondern allein durch den Wert des Tätervermögens bestimmt. Schließlich sieht OrgKG noch eine Sonderregelung für den Verfall von Vermögensgegenständen vor und stellt das „Geldwaschen" unter Strafe.

Das Gesetz „zielt darauf ab, durch schärfere Strafen die Abschreckungswirkung zu erhöhen und durch Schaffung neuer Vorschriften das Abschöpfen von Geldern aus der organisierten Kriminalität zu erleichtern". Es muß allerdings bezweifelt werden, daß diese Strategie des „more of the same" geeignet ist, „über die Peripherie der kriminellen Organisationen hinaus in deren Kernbereich einzudringen, ihre Strukturen zu erkennen und zu zerschlagen und die hauptverantwortlichen Straftäter, die Organisatoren, Finanziers und im Hintergrund agierenden Drahtzieher zu überführen" (Bundesrat 1991, 67). Ob dies verdeckt ermittelnden Beamten gelingt, nur weil ihr Einsatz gesetzlich geregelt ist, ist ebenfalls mehr als fraglich. Die Internationalisierung des Drogenhandels macht es den „Drahtziehern" relativ leicht, Steuerparadiese, Banken zum Geldwaschen und Möglichkeiten zur risikofreien Vermögensanlage zu finden. Es steht zu befürchten, daß die verdeckt ermittelnden Beamten wieder bei den KonsumentInnen ansetzen, bei diesen weiter Verunsicherung und Mißtrauen schüren, während mafiose Organisationen ihre kriminellen Praktiken ungehindert fortsetzen können.

Faktisch ist der Krieg gegen die Drogen schon jetzt vor allem ein Krieg gegen die DrogenkonsumentInnen. Die erweiterten Fahndungsmethoden betreffen jedoch nicht nur diese, sondern behandeln potentiell, wie Rasterfahndungen im Terrorismusbereich gezeigt haben, ganze Bevölkerungsgruppen als Verdächtige. „Das Festhalten an der Kriegsrhetorik schürt den Verdacht, daß Drogenpolitik hier womöglich mehr ist als nur ‚Drogen'-Politik, daß der ‚War on Drugs' in gewisser Weise ein Selbstzweck ist" (Hess 1989, 25). So wurden unter dem Vorwand der Drogenkontrolle US-amerikanische Militäreinsätze in Südamerika und der Einmarsch in Panama rechtfertigt – Interventionen, die eindeutig machtpolitische Zielsetzungen verfolgten. Bei den bundesdeutschen Verfolgungsbehörden zeigt sich die Internationalisierung der repressiven Drogenkontrolle vor allem in der verstärkten internationalen Zusammenarbeit, in der „Vorverlagerung der Drogenfront". Dazu werden spezielle „Rauschgiftverbindungsbeamte" bereits in den Erzeugerländern eingesetzt.

Schätzungen von Kriminalisten über den Erfolg polizeilicher Versuche der „Angebotsreduktion" zeigen, daß sich die Beschlagnahmungsquote illegaler Drogen auf etwa 5 % beläuft – eine Zahl, die auch mit erheblich verstärkter personeller und materieller Aufrüstung kaum wesentlich zu steigern ist, ist doch bereits jetzt ein großer Teil des Polizei- und Justizapparats damit beschäftigt, das Drogenverbot durchzusetzen. Mit einer solchen Sicherstellungsmenge kann nicht der Anspruch erhoben werden, die Angebotsseite massiv zu treffen, obwohl die Kriegsrethorik genau dies suggerieren will („Großer Schlag gegen Drogenring …"). Dabei wird allerdings stets unterschlagen, in welchem Maße die Ermittlungsbehörden selbst in An- und Verkauf von Drogen involviert sind, welche Mengen also sichergestellt werden, die als „Scheinkäufe" von der Polizei initiiert auf den Markt kommen und später beschlagnahmt werden. Klaus Steffenhagen, Landesvorsitzender der „Gewerkschaft der Polizei Nordrhein-Westfalen" stellt fest: „Bei einer sichergestellten Menge von 1.426 Kilogramm in 1992 bedeutet das, daß mindestens 27.000 Kilogramm Heroin auf den Markt gekommen sind. Hier haben weder Aufklärungskampagnen noch Strafjustiz, weder Angst vor Aidsinfektionen noch konventionelle Abstinenztherapien das Problem gelöst" (Deutsche Polizei-NW 6/1993, 1). Alle Indikatoren deuten darauf hin, daß reinere, billigere Drogen zu keinem Zeitpunkt leichter verfügbar waren als heute.

Es scheint, als hätten international vernetzte polizeiliche Drogenkontrollversuche – trotz aller Erfolgsbemühungen und aller materiellen und personellen Aufrüstung – nicht einmal mehr die Funktion eines Preisregulativs am Markt (Spiegel 1990, 47 ff.). Es sind symbolische Handlungen, die vermitteln sollen, der Krieg gegen die Drogen werde geführt und sei sogar gewinnbar. Dies trifft auf die Repression weltweit zu: Ambos kommt in seiner umfassenden Analyse des Drogenhandels, der Drogenproduktion und Drogenkontrolle in den Ländern Kolumbien, Peru und Bolivien zu dem Schluß: „Die Prohibition und aus ihr folgende Repression entfaltet kaum Wirksamkeit. Es kann weder von einer Zerschlagung der Strukturen der regionalen Drogenhandelsorganisationen noch von einem Rückgang der mit dem Drogenhandel zusammenhängenden Gewalt noch von einer signifikanten Verminderung des Drogenflußes in die Konsumentenländer gesprochen werden." (Ambos 1993, 449).

Auch die Wirksamkeit des vieldiskutierten „großen Lauschangriffs" muß in diesem Zusammenhang skeptisch beurteilt werden. Die grundgesetzlich garantierte Unverletzlichkeit der Wohnung würde zugunsten eines von nahezu allen Experten bezweifelten Kontrollgewinns aufgegeben. Und wer kontrollierte die mißbräuchliche und unnötige Anwendung durch die Ermittlungsbehörden? Die klassischen Kontrollorgane, Staatsanwaltschaften und Gerichte beklagen teilweise schon heute, daß ihnen die Ermittlungsarbeit der Polizei nicht transparent ist (vgl. Such 1993).

Der Gesetzgeber versucht ferner, die ökonomischen Strategien des organisierten Drogenhandels zu stören: Mit einem Gewinnabschöpfungsgesetz soll das „Reinwaschen" der Drogengelder bestraft werden. Vor allzuviel Euphorie gegenüber diesen öffentlichkeitswirksam präsentierten „Wunderwaffen" muß allerdings gewarnt werden: „Enorme Beweisschwierigkeiten, noch wenig bedachte bankrechtliche Implikationen und die Frage des Aufspürens von Gewinnen überhaupt werden einer breiten praktischen Implementation der neuen Instrumente im Wege stehen" (Reeg 1989, 32).

2.3 Der Schwarzmarkt-Kapitalismus

Die selektive Drogenprohibition hat einen Schwarzmarkt erzeugt, der vor allem Händlern illegaler Drogen riesige Gewinne bietet. Der Anbau von Mohn, Coca oder Hanf, oft unter dem Schutz paramilitärischer Einheiten, bringt vielen Bauern in schwer zugänglichen Gegenden größere Absatzsicherheit und höhere Preise als die legale Erzeugung anderer Agrarprodukte. Anbau-Substitutionsprogramme müssen deshalb scheitern. Manche Länder erzielen einen Großteil ihrer Exporterlöse aus dem Handel mit Grundsubstanzen oder bereits aufbereiteten Drogen (Hess 1991), einige, so Jamaika, Libanon, Bolivien und Kolumbien, sind völlig vom illegalen Drogenmarkt abhängig. Die enge Verflechtung der Interessen von Produzenten, Händlern, Staat und legaler Wirtschaft dehnt sich auf die Drogen-Importländer aus: Die hohen Gewinne werden gewaschen, auf Banken deponiert und in andere lukrative Branchen investiert oder für Waffengeschäfte verwendet. In der Folge verzahnen sich legale Wirtschaft und Drogenschwarzmarkt immer mehr.

Die prohibitive Drogenpolitik fast aller Staaten garantiert durch das Festhalten am Drogenverbot norme Profitraten und unterstützt so das organisierte Verbrechen beim Auf- und Ausbau ihres wichtigsten Geschäftszweigs. In der Wachstumsbranche Drogen hat eine Kapital- und Machtkonzentration stattgefunden, die überstaatliche Ausmaße angenommen hat. Die Fortsetzung der Prohibition bedeutet also gleichzeitig die Fortsetzung der profitablen Geschäfte der organisierten Kriminalität. Bei einer Legalisierung bisher illegaler Drogen würde die „Organisierte Kriminalität" ihre Geschäfte wahrscheinlich in einem ihrer anderen Bereichen intensivieren und weiterhin als Anbieter, dann jedoch legal auftreten.

Das Paradoxon ist: je erfolgreicher die Polizei, desto verheerender die Folgen für die Konsumenten. Temporäre Engpässe führen allenfalls zu kurzzeitig höheren Preisen und/oder Verschlechterung der Waren oder stärken andere Anbieter. Damit werden gleichzeitig soziale und gesundheitliche Schäden der Verbraucher vorprogrammiert.

Die Ware auf dem Schwarzmarkt ist keinerlei Reinheitskontrollen unterworfen: Streckmittel und Beimengungen sind oftmals gefährlicher als die Droge selbst, bleibt doch die Warenqualität Profiteuren überlassen, die keine Verantwortung zu übernehmen brauchen, weil sich niemals Produkthaftungsklagen gegen sie richten werden. Der immer noch relativ hohe Preis auf dem Schwarzmarkt legt es den KonsumentInnen nahe, eine Konsumform zu wählen, bei der der größte Nutzen aus der kleinsten Menge gezogen wird: die Injektion. Rauchen, Inhalieren oder sniefen der Droge würden wesentlich teurer sein.

In einigen Staaten der USA und in den Niederlanden (zur Belieferung der coffie-shops) schließlich ist der Anbau von und der Verkehr mit Cannabis bereits heute zu einem nennenswerten ökonomischen Faktor gediehen, obwohl die Droge offiziell immer noch illegal ist; allerdings sind in einigen US-Bundesstaaten die Sanktionen stark gelockert.

2.4 Die Zielgruppe der Strafverfolgung

Entgegen der proklamierten Absicht des Gesetzgebers konzentriert sich die Strafverfolgung in der Praxis nicht auf große kommerzielle Händler und Schmuggler, sondern vor allem auf Konsumenten, die in Zusammenhang mit geringen Mengen gefaßt und schließlich verurteilt werden (vgl. Leune 1992, 59). Hess (1992) führt dazu aus: „Von den 103.629 Straftaten gegen das BtMG, die die Polizeiliche Kriminalstatistik von 1990 aufführt, waren nur 201 Verstöße gegen den § 30 Abs. 1 Nr. 1 (Anbau, Herstellung und Handel als Mitglied einer Bande), das sind 0,2 %. Von den 23.170 im Jahre 1989 nach BtMG Verurteilten wurden 20, das sind aufgerundet 0,09 %, nach dem genannten Paragraphen verurteilt, darunter ein Jugendlicher und zwei Heranwachsende. Die Täter scheinen nicht besonders gefährlich gewesen zu sein. Von den 17 Erwachsenen erhielten 4 nur eine Geldstrafe, bei 7 weiteren wurde die Freiheitsstrafe zur Bewährung ausgesetzt, 4 erhielten eine Freiheitsstrafe von 2–3 Jahren, 2 von 3–5 Jahren. Der Strafrahmen von bis zu 15 Jahren wurde bei weitem nicht ausgeschöpft" (S. 23). Von den im Jahre 1991 angezeigten 117.046 Delikten fallen 75.631 (64,6 % der Delikte) in den Bereich der allgemeinen Verstöße (d.h. im wesentlichen Konsumentendelikte im Bereich „geringer Mengen" hauptsächlich von Cannabis, Heroin und Kokain – mehr oder weniger für den Eigenbedarf). Nach wie vor richtet sich die polizeiliche Ermittlungtätigkeit also vorwiegend gegen Cannabis- und Heroinkonsumenten.

Noch deutlicher wird der Kriminalisierungsdruck auf die Konsumenten, wenn man die gerichtlichen Entscheidungen in den Verfahren nach dem BtMG betrachtet: Rund 78 % der 1987 getroffenen Entscheidungen (17.271) betreffen die genannten Grundtatbestände im Bereich der „geringen Mengen" für den Eigenkonsum. Vergleichbare Zahlen finden sich auch in kommunalen Bilanzen. So gibt der Stuttgarter Polizeipräsident Haas an, daß es sich bei drei Viertel der 3044 erfaßten BtM-Verfahren um Konsumentendelikte handelt und ein Viertel der Verfahren Handel- und Schmuggeldelikte betreffen: „Danach bleibt die Feststellung, daß die polizeilichen und justitiellen Maßnahmen wirkungslos sind und daß das BtM-Gesetz zu fast 100 % vollzugsdefizitär ist" (Haas 1993, 2). In einer vorläufigen Auswertung der Entscheidungen des Zeitraums 1988–90 beläuft sich der Prozentsatz der BtM-Entscheidungen im Rahmen der Konsumentendelikte gar auf 80,93 % (Dt. Bundestag 1992). Betrachtet man diese gerichtlichen Entscheidungen der „Konsumentendelikte" der Jahre 1988–90 genauer, dann läßt sich etwa bezogen auf Cannabis feststellen, daß 37 % aller 65.068 Aburteilungen wegen Delikten mit Mengen bis zu 50 g erfolgen.

Mehr als 90% der verurteilten betäubungsmittelabhängigen Straftäter erhielten in den Jahren 1985–87 Freiheits- oder Jugendstrafen. 80% dieser Strafen überschritten nicht die Zweijahresgrenze, so daß die Aussetzung zur Bewährung oder die sofortige Anwendung des § 35 BtMG grundsätzlich möglich war. Bezeichnend für den hohen Grad des Kriminalisierungsdrucks auf die Drogengebraucher ist die Tatsache, daß ein erheblicher Teil der Drogenabhängigen in BtMG-Strafverfahren vorbestraft ist. Von 1.949 im Jahre 1987 waren es 1.429.

Ob es zu einer Verurteilung kommt oder das Verfahren durch die Staatsanwaltschaften oder die Gerichte eingestellt wird, hängt in hohem Maße davon ab, in welchem Bundesland die Anklage erhoben wird. Da die Einstellungshäufigkeit variiert, macht es einen erheblichen Unterschied, ob man in Berlin oder in Bayern wegen Verstößen gegen das BtMG strafrechtlich verfolgt wird: In Berlin wurden in den Jahren 1985–87 durchschnittlich 75 % aller Verfahren eingestellt; in Bayern waren es in der selben Zeit nur 5,9 %. Die Einstellungen betreffen zu 80–90 % „Cannabistäter" mit Kleinmengen zum Eigenkonsum (Bundesregierung 1989).

Diese regional unterschiedliche Strafpraxis, die Drogengebraucher erheblicher Willkür ausliefert, ist ein weiteres Glied in der Kette von Ungleichbehandlung und Unglaubwürdigkeit. Das hat nachhaltige Konsequenzen für die Wahrnehmung der Strafnorm durch die Drogengebraucher selbst; letztlich führt sie zur völligen Abwesenheit eines Schuld- bzw. Unrechtbewußtseins. Die Strafandrohung und -verfolgung wird als ungerechtfertigter Eingriff in die persönliche Autonomie abgelehnt und ignoriert. Schließlich findet der Umgang mit Cannabis in einer in Bezug auf legale Drogen toleranten Gesellschaft statt, in der die Freiheit des Konsumenten beschworen und allerorten zum Konsum animiert wird.

2.5 Der spezialpräventive Anspruch

Der spezialpräventive Anspruch des Gesetzgebers, diejenigen, die bereits Kontakt mit illegalen Drogen hatten, von weiterem Konsum abzuschrecken, spricht auch aus der Begründung für die Novellierung des BtMG 1981: Angestrebt wurde, „kleine bis mittlere drogenabhängige Straftäter mehr als bisher zu einer notwendigen therapeutischen Behandlung zu motivieren, wobei Strafandrohung und Strafvollstreckung nur Hilfsmittel sein können, den erforderlichen ‚Initialzwang' zur Therapiebereitschaft auszulösen". „Therapie statt Strafe" war das Motto des Gesetzgebers, das als behandlungsbedürftig definierten Drogenabhängigen mehr Therapiemöglichkeiten als zuvor gewähren und ihn letztlich zu einem Leben ohne Drogen befähigen sollte. Dieser Absicht tragen die § 35 BtMG (Zurückstellung der Strafe, Therapie statt Strafvollstreckung) in Verbindung mit § 36 BtMG (Anrechnung und Strafaussetzung zur Bewährung) und das

Absehen von der Verfolgung gemäß § 37 BtMG Rechnung. Der Gesetzgeber ging dabei davon aus, daß eine Verhaltens- und Persönlichkeitsveränderung in Richtung Drogenfreiheit nur in einer stationären Langzeittherapie erreicht werden könne. Diese findet statt in staatlich anerkannten Einrichtungen, in denen die freie Gestaltung der Lebensführung erheblichen Beschränkungen unterliegt (§ 36 BtMG). – Es existieren etwa 3.000 Therapieplätze in der Bundesrepublik.

Zu fragen ist, ob diese Gesetzesziele und das Grundprinzip „Therapie statt Strafe" als Kernstück der BtMG-Reform von 1981 verwirklicht worden sind? Becker und van Lück (1990) haben in ihrer Effektivitätsanalyse des BtMG Daten von 5079 Drogengebrauchern in 23 Einrichtungen im Zeitraum von 1978 bis 1986 untersucht. Das Ziel, durch die Therapievorschriften nach der Novellierung des BtMG mehr Abhängige zu einer Therapie zu bewegen, kann nur für Männer bestätigt werden. Die größere Zahl männlicher Klienten geht aber einher mit einer erhöhten Fluktuation innerhalb der Einrichtungen. Der Anteil der Frauen ist über den Untersuchungszeitraum konstant geblieben. Die Intention des Gesetzgebers, durch die Anwendung des § 35 BtMG mehr Inhaftierte aus dem Strafvollzug in die Therapie zu bringen, hat sich kaum erfüllt: Nur jeder fünfte macht von dieser Möglichkeit Gebrauch (ebd., 195). Die Einführung des § 35 BtMG verursachte eine enorme Verringerung der Anwendung des § 56c StGB, einer Bewährungsregelung, die flexiblere Hilfsmöglichkeiten gewährte. Auch die Hoffnung des Gesetzgebers, daß nach der Neuregelung des BtMG die Klienten länger in therapeutischer Behandlung bleiben würden und deshalb ein höherer Anteil erfolgreich eine Therapie abschließen würde, hat sich nicht bestätigt. Im Gegenteil, es ist eine Abnahme der erfolgreichen Therapieabschlüsse zu verzeichnen. Die durchschnittliche Abbruchquote ist gegenüber den Jahren vor der Gesetzesnovellierung gestiegen. In den ersten vier Monaten der Therapie brechen 65% der Patienten die Therapie ab. Eine weitere Spitze der Abbruchquote liegt um den achten Therapiemonat, was durch die Anrechnung der Therapiezeit auf die Haftstrafe erklärt werden kann (ebd., 201). Das Abbruchverhalten ist bei denjenigen, die gemäß § 35 die Therapie angetreten haben, am niedrigsten, bei den Männern, die „freiwillig" die Therapie angetreten haben, am größten. Bemerkenswert ist, daß immer weniger Abhängige „freiwillig" eine Therapie antreten (ebd., 147). Die beiden letzten Ergebnisse deuten darauf hin, daß zunehmend Verurteilte nach dem „35er" die Therapieeinrichtungen belegen, die natürlich mit einer anderen Motivation eine Therapie begonnen haben als „Freiwillige". Dies deckt sich mit Einschätzungen von Therapeuten (FDR 1989), die über eine allgemeine Demotivation der Klienten und Verschlechterung des Therapieklimas klagen. Zusammenfassend stellen Becker und van Lück fest, daß die Therapievorschriften im Hinblick auf die Ziele des Gesetzgebers nicht effektiver waren als die Maßnahmen, die bis 1981 Geltung hatten.

Die Integration von Therapie in die Strafvollstreckung, inklusive Rückmeldepflicht, und die massive Verquickung zwischen Justiz und der scheinbar einzig möglichen Form therapeutischer Hilfe, der stationären Langzeittherapie, hat zu einem massiven Glaubwürdigkeitsverlust von Therapien und professionellen Hilfeangeboten geführt. Die stationäre Langzeittherapie wird mehr und mehr als Staatstherapie, als verlängerter Arm der Justiz wahrgenommen, die gegenüber dem Strafvollzug allenfalls das kleinere Übel darstellt: „Aus unabhängiger, privater, selbständiger Therapie wird unter der Hand eine staatlich-strafjustitiell kontrollierte und kontrollierende, der Bewährungshilfe angenäherte, abhängige Tätigkeit" (Kreuzer 1989, 1509). Diese Situation ist demotivierend für diejenigen, die „freiwillig" eine Therapie aufgenommen haben in der irrigen Annahme des Bestehens einer bestärkenden Gemeinschaft (vgl. auch FDR 1989). Kreuzer und Wille (1988) gehen davon aus, daß etwa 70 % der in ihrer Klinik behandelten Klienten aufgrund einer richterlichen Anordnung eine Therapie aufgenommen haben.

Vor allem bei jugendliche Konsumenten illegaler Drogen kann nicht davon ausgegangen werden, daß sie durch gezielten polizeilichen oder justitiellen Druck zum Konsumverzicht bzw. zur Aufnahme drogenfreier therapeutischer Behandlungen gezwungen werden können. Eher sind „kontrapräventive Effekte" (Bürgerschaft 1991, 65) zu erwarten, die den eingeschlagenen Weg stabilisieren helfen:

(1) Bereits im Probierstadium beschert die Kriminalisierung den Drogenkonsumenten frühzeitige Stigmatisierungen und Ausgrenzungen.

(2) Aus Angst vor Entdeckung und Bestrafung werden Hilfs-
bedürfnisse entweder nicht sofort oder gar nicht artikuliert. So wird
die helfende Aufmerksamkeit oder integrierende Fürsorge der familiären, schulischen, beruflichen oder sonstigen sozialen Umgebung
erschwert und gestört.

(3) Die Kriminalisierung kann einen sich wechselseitig verstärken-
den Prozeß von einerseits zunehmender Identifizierung mit der Außenseiterrolle und dem subkulturellen Drogenmilieu und andererseits fortschreitender gesellschaftlicher Desintegration provozieren
und so eine Stabilisierung des Konsummusters bewirken. (vgl. Bürgerschaft 1991, 65 f.).

Angesichts der Erfolglosigkeit auch spezialpräventiver Bemühungen
spricht Hassemer (1987, 258) von einer „symbolischen Gesetzgebung", „deren Wirkungen nicht unmittelbar in einer Lösung des ge-
setzgeberischen Problems (der Drogenkriminalität), sondern mittelbar in dem beruhigenden öffentlichen Eindruck von einem präsenten
und entschlossen handelnden Gesetzgeber erwartet werden".

3. Kontraproduktive Folgen für die Konsumenten

Statt general- oder spezialpräventiver Erfolge hat die vom Strafrecht
dominierte Drogenpolitik zu einer massiven Kriminalisierung der
Drogengebraucher sowie zu starker gesundheitlicher und sozialer
Verelendung vor allem der Heroinabhängigen geführt. Es sind, wie
gezeigt, vor allem die Konsumenten und abhängigen Kleinhändler,
die von der Kriminalisierung betroffen sind. Für Drogengebraucher
besteht aufgrund hoher Verfolgungsintensität schon relativ früh die
Gefahr, mit dem Strafrecht in Konflikt zu geraten. Diese Stigmatisierung kann zur Verstärkung der subkulturellen Identität beziehungsweise zur Identifizierung mit der Außenseiterrolle und dem
subkulturellen Drogenmilieu führen. Der Beginn oder die Verfestigung einer Drogenkarriere kann durch eine fortschreitende gesellschaftliche Desintegration (Verlust familiärer und partnerschaftlicher
Bezüge, Verlust des Arbeits- oder Ausbildungsplatzes, Schulverweis)
beschleunigt werden. Die Verfolgung erschwert die notwendige helfende Aufmerksamkeit oder die integrierende Hilfe der familiären,
schulischen und beruflichen Umgebung.

Schneider (1993) weist als Fazit seiner Untersuchung über das „Herauswachsen aus der Sucht" darauf hin, daß der selbstbestimmte und eigenverantwortliche Konsum – der wie bei anderen Drogen auch bei Heroin möglich ist – von der Illegalität und Kriminalisierung ständig behindert und gestört wird, was letztlich zu einer Verfestigung drogaler Identität und häufig zur Behinderung oder gar Verhinderung eines selbstinitiierten Ausstiegs oder einer Etablierung kontrollierter Gebrauchsmuster führt. Eine soziale und berufliche Reintegration setzt Stützsysteme (Freunde, Familie, Kontakte außerhalb der Drogenszene, Berufserfahrungen) voraus, deren Wirkung jedoch durch Verfolgung, Verurteilung, Behandlungsauflagen („helfenden Zwang") oder Haftstrafen systematisch unterminiert wird.

Die Kriminalisierung fördert die Heimlichkeit des Konsums und behindert ein offenes Bekenntnis der Abhängigkeit beziehungsweise des gegebenenfalls als problematisch erlebten Drogengebrauchs. „Die rechtzeitige Artikulation von Hilfsbedürfnissen und Wahrnehmung von Hilfen seitens Suchtgefährdeter und Drogenabhängiger wird so gelähmt, die ggf. notwendige helfende Aufmerksamkeit oder integrierende Fürsorge der familiären, schulischen, beruflichen und sonstigen Umgebung erschwert" (Schlömer 1993).

3.1 Gesundheitliche und soziale Verelendung

Die Lebensbedingungen insbesondere langjähriger intravenös Drogenabhängiger haben sich im Laufe der letzten zehn Jahre drastisch verschlechtert. Deutlicher Ausdruck dieser Entwicklung ist der schlechte Gesundheitszustand vieler Drogengebraucher. Der langjährige Konsum von Schwarzmarktheroin und anderen Substanzen, die häufig mit unbekannten, teils gesundheitsschädlichen Stoffen gestreckt und im Reinheitsgehalt unkalkulierbar sind, und das Leben unter ständigem Kriminalisierungsdruck bergen große Gesundheitsrisiken. Dabei handelt es sich vor allem:

(1) akute gesundheitliche Leiden (Spritzenabszesse, Venenentzündungen, Zahnverfall, Blutvergiftung, Überdosierungen) und schwere chronische Erkrankungen, die oft nicht oder zu spät behandelt werden (Hepatitis, Geschlechtskrankheiten, AIDS-assoziierte Erkrankungen);

(2) eine Vernachlässigung elementarer Selbstfürsorge und Hygiene (Essen, Waschen, Bekleidung, Körperpflege) bei vielen Abhängigen aufgrund der ständigen Angst vor Verfolgung;

(3) zunehmender Beigebrauch von Schlaf- und Beruhigungsmitteln, da das für Heroin benötigte Geld nicht aufgebracht werden kann und Entzugssymptome überbrückt werden müssen;

(4) die hohe psychische Belastung durch Beschaffungsdruck, Verfolgung und Prostitution unter ungeschützten und erniedrigenden Bedingungen (Schätzungen zufolge gehen ein Drittel bis 80 % aller Drogenkonsumentinnen zumindest gelegentlich der Prostitution nach);

(5) Obdachlosigkeit oder wechselnde kurzfristige Unterkünfte bei Bekannten aus der Drogenszene oder Freiern,

(6) Isolation und Vereinsamung, da aufgrund sozialer Ausgrenzung von Heroingebrauchern meist kein Kontakt zur Familie oder zu Bekannten außerhalb der Drogenszene besteht und die sozialen Bezüge innerhalb der Szene stark durch Zwänge und Bedingungen der Drogenbeschaffung bestimmt sind.

Darüber hinaus besteht wenig Vertrauen in die Möglichkeit, die eigene Lebenssituation grundlegend verbessern zu können, nachdem wiederholte Entzüge und Therapieversuche nicht aus der Abhängigkeit herausgeführt haben. Mit der Ausbreitung der HIV-Infektion unter Drogenabhängigen hat sich diese Situation weiter verschärft. Ob ein positives Ergebnis im Antikörpertest vom Betroffenen als unerwarteter Schicksalsschlag oder als zwangsläufige Konsequenz der bisherigen Lebensweise aufgenommen wird, immer hat die Diagnose einer HIV-Infektion einschneidende Auswirkungen auf die weitere Lebensführung. Die Möglichkeit, bald zu sterben, bisher situativ erfahren als eigenes Überdosiserlebnis oder Tod von Bekannten, wird zu einer ständig präsenten Bedrohung, die sich wieder auf die Form des Drogenkonsums auswirkt. Der Krankheitsausbruch selbst wird durch Ko-Faktoren wie die gesundheitliche und soziale Verelendung forciert. Die hohe Verfolgungsintensität führt schließlich zu gesundheitlich riskantem Verhalten und Techniken des Konsums, die auch aus HIV-präventiver Perspektive äußerst problematisch sind.

Zur Diskriminierung als „Fixer" kommt ein zweites Stigma „HIV-Infizierter" oder „AIDS-Kranker" hinzu, was es noch schwieriger macht, aus der sozialen Isolation herauszukommen und Bekannte oder Freunde zu finden. Kommt es zu einer AIDS-assoziierten Erkrankung, nimmt die Isolation weiter zu: Berührungsängste und Meidung sind nicht nur in der „Normalbevölkerung" als Reaktionen auf AIDS verbreitet, sondern nicht weniger in der Drogenszene. Einige Drogenabhängige entschließen sich, ihr Leben umzustellen, nachdem sie erfahren haben, daß sie infiziert sind. Auf diese Weise hoffen sie, eine Erkrankung zu vermeiden oder zumindest Zeit zu gewinnen, um bisher aufgeschobene Interessen, Bedürfnisse und Wünsche zu realisieren. Für die Mehrzahl gilt das Gegenteil. Resignation, Fatalismus und selbstdestruktive Tendenzen forcieren die soziale Verelendung und verstärken einen risikoreichen Drogen-(misch)konsum.

Eine Behandlung (mit AZT oder Pentamidin) ist meist deshalb nicht möglich, weil drogenabhängige Erkrankte – sofern sie nicht mit Ersatzmitteln substituiert werden – kaum regelmäßig und kontinuierlich an einer solchen Behandlung teilnehmen können. Die in der AIDS-Bekämpfung bislang erreichte Lebensverlängerung mit Hilfe dieser Therapien kommt ihnen deshalb auch nicht in dem möglichen Umfang zugute. Die Kontinuität, die diese Behandlung erfordert, steht dem Alltags- und Beschaffungsrhythmus diametral entgegen. Aufgrund häufiger Wohnungs- oder Obdachlosigkeit ist eine adäquate Hauspflege AIDS-erkrankter Drogenkonsumenten oft unmöglich. Auch andere virale Infektionen können nach Erfahrung vieler Ärzte aufgrund des sucht- und verfolgungsbedingten diskontinuierlichen Lebensstils nur „anbehandelt" werden.

Besonders prekär sind die Lebensbedingungen in der Haft: Wie durch ein Brennglas sehen wir hier auf engstem Raum das Desaster der Prohibition mit ihren Paradoxien. Noch immer gibt es mehr belegte Haft- als Therapieplätze. Der Konsum von Drogen ist in jeder Haftanstalt mehr oder minder weit verbreitet und findet unter schlechtesten und – aus der Perspektive der HIV/AIDS- und Hepatitis-Prävention – höchst riskanten Bedingungen statt. Ergebnisse sozialepidemiologischer Studien haben eine eindeutige Korrelation zwischen Haftaufenthalt und HIV-Infektion festgestellt (Pant/Kleiber 1993). Die „AMSEL-Studie" (1991) hat bei der Begleitung von etwa 300 DrogengebraucherInnen über vier Jahre festgestellt, daß die Ausstiegschancen aus der Drogenabhängigkeit sinken, je länger die durchschnittliche Haftzeitbelastung ist. Schließlich scheint das Phänomen der „haftbedingten Sucht" – Nicht-Konsumenten illegaler Drogen steigen erst im Strafvollzug in den Konsum ein – verbreitet zu sein (vgl. Überblick zu HIV/AIDS und Drogen im Strafvollzug: Stöver 1993). Eine pragmatische, akzeptierende Herangehensweise an den Umstand, daß Drogenkonsum, -handel, -tod im Strafvollzug existiert, ist nicht in Sicht. Noch immer insistieren die Strafvollzugsbehörden – getreu dem Motto, daß nicht sein kann, was nicht sein darf – darauf, daß Abstinenz das einzige handlungs- und hilfeleitendes Ziel für die Gefangenen darstellen muß. Überlebenshilfen oder Hilfen für ein gesundes Überleben (jedenfalls ohne irreversible gesundheitliche Schäden) werden den Gefangenen verwehrt, zugunsten unrealistischer Verhaltensänderungsansprüche – ausgerechnet im Gefängnis.

3.2 Der sogenannte Drogentod

Die Zahl der sogenannten Drogentoten ist eine in der öffentlichen und politischen Drogendebatte häufig verwendete Größe, um die Gefährlichkeit von Heroin zu belegen und ein repressives Vorgehen zu rechtfertigen. Die Medien veranstalten bei den Drogentoten einen regelmäßigen „body-count", die Statistik der Todesfälle wird geradezu „publizistisch zelebriert" (Scheerer), die Lebensbedingungen und Todesursachen bleiben dabei ausgeblendet. Die Zahl der alkohol- und nikotinbedingten Todesfälle erscheint dagegen kaum in den Medien – eine bemerkenswerte Verdrängungsleistung unserer Gesellschaft. Allgemein wird suggeriert, der Drogentod sei eine unausweichliche Folge dauerhaften Heroingebrauchs. Bei näherem Hinsehen jedoch erweist sich der sogenannte Drogentod eher als Konsequenz der Prohibitionspolitik, denn als unvermeidliches Risiko des Heroinkonsums selbst. Drei kriminalisierungsbedingte Ursachen für den Drogentod sind zu nennen:

(1) Unter Schwarzmarktbedingungen ist der Reinheitsgehalt des erworbenen Heroins kaum kalkulierbar, und es erfolgen daher häufig versehentliche Überdosierungen mit Todesfolge. Dies geschieht sehr oft nach therapie- oder haftbedingter Abstinenz.
(2) Ein weiterer Grund für die hohe Mortalität unter Heroingebrauchern liegt im verbreiteten Mischkonsum mit anderen Drogen (Alko-

hol, Medikamenten) zur Überbrückung von Entzugserscheinungen. Diese Drogen verstärken die atemdepressive Wirkung des Heroins. Das Bundeskriminalamt weist die Todesursache „Überdosis Heroin" für 1989 nur in 44,2 % aller Drogentoten aus (Leune 1990, 40). Eine genaue Feststellung der Todesursachen kann nur durch eine chemisch-toxikologische Untersuchung erfolgen. Obduktionen werden allerdings nur in einigen Bundesländern regelmäßig durchgeführt.

(3) Schließlich wird nicht selten der Tod bewußt herbeigeführt: aus Verzweiflung in einer als ausweglos empfundenen psycho-sozialen Lage. 1989 waren laut BKA 94 Todesfälle (von 991 Drogentoten insgesamt) aufgrund der Auffindesituation oder der Aktenlage eindeutig als Suizide zu bewerten (BKA 1989, 7). Aufschlußreich ist auch der Fundort: Zwar werden 61 % der Drogentoten in Wohnungen, fast 30 % aber auch im Freien, öffentlichen Toiletten, und öffentlichen Gebäuden aufgefunden, was nicht nur auf die hohe Obdachlosigkeit von Drogenkonsumenten schließen, sondern auch vermuten läßt, daß die tödliche Injektion wahrscheinlich sehr schnell und vermutlich unter unhygienischen Bedingungen erfolgte.

Von 1970 bis 1992 sind 12.989 Todesfälle im Zusammenhang mit Drogenkonsum polizeilich registriert worden (eigene Berechnungen). Die Entwicklung der Mortalität verläuft keineswegs gradlinig: sie steigt von 1970 (29) bis 1979 (615) stetig an, fällt bis 1985 ab und steigt seither, insbesondere in den Jahren 1988 (670) bis 1990 (1.431) wieder steil an (eine Steigerung von 122 %). Das Durchschnittsalter liegt seit 1986 unverändert bei 29 Jahren. Daß die Drogentoten relativ alt sind weist darauf hin, daß selbst im Umgang mit Drogen erfahrene Gebraucher einem hohen Sterberisiko ausgesetzt sind – insgesamt ein Indiz für die größer werdende Verelendung unter den DrogengebraucherInnen. Vielleicht sollte man mit der Schweizer „Arbeitsgemeinschaft für Drogenlegalisierung zur Lancierung der Eidgenössischen Volksinitiative (DROLEG)" deshalb von „Prohibitionstoten" statt von Drogentoten sprechen.

3.3 Kriminalisierte Subkultur

Konsumenten illegaler Drogen und vor allem Abhängige leben unter vielfältigen Zwängen und Unsicherheiten. Heroin hat einen hohen Schwarzmarktpreis, den Abhängige in der Regel nur durch illegale

Aktivitäten aufbringen können. Beschaffungskriminalität und -prostitution sind ein Weg, um die Mittel für einen wachsenden Bedarf zu beschaffen, „abziehen" und „linken" von Szeneangehörigen ein anderer. In der Szene herrscht gnadenlose Konkurrenz, und es gilt das Recht des Stärkeren. Freundschaft und Partnerschaft werden in der Regel dem der Stoffbeschaffung untergeordnet.

Hinzu kommt, daß Konflikte zunehmend mit Gewalt ausgetragen werden (Thamm 1987). Illegalität und Verfolgungsdruck führen zu einem grundsätzlichen Argwohn, da niemand sicher sein kann, daß sein Gegenüber nicht Informationen an die Polizei weitergibt, um sich – über den Kronzeugenparagraphen – Vorteile zu verschaffen.

Drogengebrauch als bewußtes nonkonformes Verhalten und Rebellion ist ebenso wie Szenesolidarität und -identität ein Mythos, der aus den frühen 70er Jahren stammt. Solidarität gibt es allenfalls in kleinen Gruppen oder Paarbeziehungen. Heute prägen Konkurrenz, Resignation, gegenseitiges Mißtrauen und Einsamkeit das Geschehen auf der Szene. Vereinsamung der Drogenkonsumenten führt dazu, daß im Drogennotfall keine Hilfe bereit ist, oder es unterbleibt die Hilfe aus Angst, strafrechtlich verfolgt zu werden.

Selbstorganisierte Zusammenschlüsse von Drogenkosumenten, die sowohl beratend-anleitend aktiv werden (peer-education), als auch positive Vorbilder und allgemeine Hilfen vermitteln (peer support) und zudem eine politische Interessenvertretung bilden könnten, haben in der Bundesrepublik keine Tradition. Während in den Niederlanden „Junkie-Bünde" seit nahezu einem Jahrzehnt existieren und durch ihr Selbstverständnis und guten Kontakt zur Szene bei der AIDS-Prävention eine Avantgarderolle einnehmen konnten (vgl. Trautmann 1993 auch zur Bedeutung von „peer support"), lösten sich vergleichbare Zusammenschlüsse Anfang der 80er Jahre in Kassel, Frankfurt, Bremen und West-Berlin innerhalb von ein bis zwei Jahren wieder auf. Sie scheiterten an der repressiven Drogenpolitik, die ihnen eine kontinuierliche Teilnahme am gesellschaftlichen Drogendiskurs verwehrte sowie an den Zwängen von Geld- und Stoffbeschaffung, Strafverfolgung und Inhaftierung.

Ein längerfristiges Bestehen solcher Interessengruppen ist ohne Moratorium von diesen Belastungen – wie sie in den Niederlanden durch die Substitutionsbehandlung mit Methadon möglich ist – kaum vorstellbar. Dies mag auch eine entscheidende Voraussetzung für die Entstehung neuer Junkie-Bünde in der Bundesrepublik, etwa dem „Final Countdown", in Düsseldorf, oder dem „junkie-bund köln" sein. 1989 hat sich zudem ein Zusammenschluß von Junkies, Ehemaligen und Substituierten (JES) bundesweit mit einigen regionalen Gruppen gegründet. Ziel dieses Zusammenschlusses ist es, die Kriminalisierung und gesellschaftliche Diskriminierung von (ehemaligen) Drogengebrauchern zu reduzieren und die Betroffenenkompetenz zu verstärken. Erreicht werden soll das durch niedrigschwellige und verbesserte Methadon-Programme, Integration von Betroffenen in die Drogenarbeit, „professionelle Selbsthilfe" (Bösche 1993) und konkrete Entkriminalisierungsschritte (Hermann 1991). Zusammenschlüsse von Drogengebrauchern mit ihren authentischen Erfahrungen können gerade im Bereich von Gesundheitsschutz und AIDS-Prophylaxe (Vermittlung von „safer-use"-Botschaften) im Rahmen eines „peer-group-support" eine wichtige Rolle spielen.

4. KONTRAPRODUKTIVE FOLGEN FÜR DIE GESELLSCHAFT

Die selektive Drogenbekämpfung ist zu einem Krieg gegen Drogenkonsumenten ausgewachsen, von dem die gesamte Gesellschaft massiv betroffen ist. Strafverfolgung und -vollstreckung verschlingen enorme Summen (vgl. die Überblicke zu den Kosten der Prohibition: Müller 1991; Suter 1991; Joset 1991). Mindestens 10 % aller Gefängnisinsassen sitzen aufgrund von direkten oder indirekten BtM-Delikten ein. Die „Eidgenössische Volksinitiative für eine vernünftige Drogenpolitik" hat errechnet, daß in der Schweiz ein Drittel des gesamten Polizei- und Justizapparates mit Durchsetzung der Prohibition beschäftigt ist.

Die für viele Mitbürger spürbare Beschaffungskriminalität hat ein erschreckendes Ausmaß angenommen: Das BKA geht davon aus, daß bei Raub 10,2 %, bei schwerem Diebstahl 8,5 % und bei Wohnungseinbruch 13,8 % der Fälle von Konsumenten harter Drogen begangen worden sind (vgl. Nagler-Eulering 1993). Die SPD-Projektgruppe geht sogar von einem Anteil von 30 % Beschaffungskriminalität bei Wohnungseinbrüchen aus (Weser-Kurier, 14.8.1993). Dies führt zu massiven Sicherheitsängsten in der gesamten Bevölkerung. Das private Sicherheitsgewerbe boomt, und Sicherheit wird zum „Reichenprivileg", wie die SPD-Projektgruppe „Kriminalitäts-bekämpfung" jüngst feststellte. In Westdeutschland gibt es ca. 270.000 Angehörige privater Sicherheitsdienste aber nur 250.000 Polizisten.

Doch die negativen Folgen der Prohibitionspolitik gehen viel weiter als diese Aufstellung unmittelbarer Kosten der Kriminalisierung. Mit dem „War on Drugs" wird eine Aushöhlung rechtsstaatlicher Garantien gerechtfertigt; Betäubungsmittelrecht und Verfolgungspraxis bei BtM-Delikten fungieren als Vorreiter einer repressiven Veränderung des gesamten Strafrechts (Kronzeugenprinzip) und wesentlicher Teile der Verfassung („Unverletzlichkeit der Wohnung"). Albrecht (1990, 184) spricht von der Gefahr einer rechtsstaatlichen Verwilderung" der Sonderjustiz im Betäubungsmittelbereich. Weder mit präventiven Bedürfnissen noch mit Schulderwägungen sind Strafsanktionen gegenüber Drogendelinquenten in dem Ausmaß legitimierbar, wie sie der gegenwärtigen Praxis der Gerichte entsprechen. Diese stellt eine kontraproduktive staatliche Gewaltanwendung und Machtdemonstration dar, die vor allem anderen zu Glaubwürdigkeitsverlust und Erosion strafjustitiellen Handelns führt.

„Das Elend wird verboten ..." steht als Kommentar zur „Auflösung" des Drogenstrichs und „Zerschlagung" der offenen Szene auf einer Bremer Hauswand gesprüht. Das Anwachsen der offenen Szenen in den Großstädten seit Mitte der 80er Jahre, die für alle sichtbare gesundheitliche und soziale Verelendung der Drogenkonsumenten stellt Polizei, Drogenhilfe, Verwaltung, Politik und insbesondere die betroffene Wohnbevölkerung vor ein schwer lösbares Problem. „Offen" sichtbar wird das Leben der DrogenkonsumentInnen unter Bedingungen der Illegalität: Wohnungs- und Obdachlosigkeit, gefährliche Eigensubstitution mit Alkohol, Schlaf- und Beruhigungsmitteln bei Versorgungslücken oder -schwankungen, offener Drogenkonsum hinter parkenden Autos oder in irgendwelchen Nischen, Prostitution, körperliches Elend, Notbeatmung durch Ambulanzen, Polizeirazzien, Dealerei, Einbrüche, Hehlerei, weggeworfene Spritzen und Kondome, Gewalt unter den Junkies ...

Diese Verelendung, die von den betroffenen Anwohnern oftmals als Bedrohung empfunden wird, löst unterschiedliche Reaktionen aus: Der Ruf nach „Beseitigung" des Elends mit polizeilichen Mitteln wird ebenso laut wie Forderungen nach dezentralisierten Hilfeangeboten für die Junkies. Anwohner, die sahen, daß solche Angebote nicht alle Probleme lösen können und oft ebenso überfordert sind wie die Polizei, verlangten in einigen Städten darüber hinaus Gesetzesänderungen, die die Prohibition und damit die Illegalität der Junkies aufheben oder eine ärztlich kontrollierte Abgabe von Heroin erlauben (vgl. beispielhaft für den Hamburger Stadtteil St. Georg: Joho 1993; für Arnheim: Trautmann 1992). Auffällig ist, daß es durchaus eine soziale Kompetenz im Umgang mit Drogenkonsumenten gibt, die sich durch einen differenzierten Blick auf die spezifischen kontroll- und repressionsinduzierten Probleme auszeichnet. Viele Anwohner erkennen durchaus, daß die offenen Szenen nicht ausschließlich ein Drogenproblem, sondern eine Manifestation wachsender sozialer Verelendung darstellen. Die „Zwei-Drittel-Gesellschaft" produziert ein von gesellschaftlichen Teilhabemöglichkeiten weitestgehend ausgeschlossenes Drittel (beispielsweise etwa 1 Mio. Obdach- bzw. Wohnungslose). Davon bilden Drogenkonsumenten wiederum nur das untere Drittel – weitestgehend unfähig, sich im Verdrängungswettbewerb um Wohnung und Arbeit durchzusetzen.

Die massive Einmischung von Anwohnern betroffener Quartiere in die Drogendiskussion kann allerdings Administration und Polizei ebenso zu verschärftem und „populistischem" Handeln ermuntern. „Keine Platzspitze mehr!" scheint das Credo der Säuberungsstrategien dabei zu sein. Das Beispiel einer unkontrollierten Enklave freien Drogenhandels inmitten der Bankenmetropole Zürich scheint Kommunalpolitikern Abschreckung genug zu sein, um ihre „Säuberungsmaßnahmen" zù rechtfertigen – etwa BAVIS (Bahnhof als Visitenkarte) in Frankfurt/M. oder unter anderen Namen in Dortmund, Nürnberg, Bremen, Berlin oder Hamburg. Den meisten Beteiligten in der Diskussion um Auflösungen der großen offenen Szenen ist jedoch klar, daß man Hilfsmaßnahmen zwar dezentralisieren kann, daß man aber mit Repression die Treffpunkte nur weiter in die Nischen der Illegalität zwingt. Vom Anwohnerinteresse aus ist die Absicht, Belästigungen zu minimieren, durchaus nachvollziehbar, allerdings müssen Alternativplätze angeboten werden, auf welche die Drogengebraucher ausweichen können. Bloße Vertreibungspolitik führt nur zu einer Dezentralisierung des Elends und einer massiven Gefährdung der KonsumentInnen. Die Szene und der „Drogenstrich" lösen sich nicht in Luft auf, sondern erfahrungsgemäß in die Seitenstraßen, Straßenbahnen, Büsche und Privatautos, wo Drogenkonsum und Prostitution unter weit gesundheitsriskanteren und lebensgefährlicheren Bedingungen stattfinden. Bedingungen, die meist keine unmittelbare Hilfe und auch nur wenig Kommunikation der Drogenkonsumenten untereinander und mit den Mitarbeitern der Drogenhilfe zulassen. Auf dem sogenannten Drogenstrich etwa arbeiten Frauen weit häufiger ungeschützt mit großen gesundheitlichen Risiken und sind Freiern hilfloser ausgesetzt.

Angesichts dieser Verschlechterung der Lebensbedingungen der KonsumentInnen kann eine „akzeptierende Drogenhilfe" ihre Angebote zum „Überleben mit Drogen" nur bei gleichzeitiger Forderung nach massiver Entkriminalisierung aufrechterhalten. Jede „Zerschlagung" produziert weitere Probleme. Die AIDS-prophylaktischen Angebote am Züricher Platzspitz etwa sind mit der Sperrung gleich mit abgeschafft worden. Das Elend wurde dezentralisiert! Der neue Platzspitz ist jetzt am Letti-Bahnhof.

5. Das Elend von Drogenhilfe und Prävention unter Prohibitionsbedingungen

Die Drogenhilfe kann nach zwanzigjähriger Strukturierung durch die Vorgaben des Strafrechts ihre Arbeit nicht mehr losgelöst davon betrachten und weiterhin suggerieren, es gebe eine „friedliche Koexistenz" von Repression und Hilfe, man müsse die Ärmel nur hoch genug aufkrempeln, um wirkliche Hilfe leisten zu können. Diese Fiktion ignoriert die alltägliche Unterminierung von Hilfeangeboten und mühsam aufgebauten Vertrauensverhältnissen sowie die Verquickung von Strafe und Therapie durch die Behandlungsparagraphen des BtMG. Die Motivation der Klienten, die über die „Gefängnisvermeidungsparagraphen" in die Therapiestätten kommen, ist entsprechend gering, was sich auch extrem negativ auf den verbleibenden „freiwilligen" Rest auswirkt. „Das Resultat sind skeptische, mißtrauische und oft sehr unmotivierte Klienten und Klientinnen" (Kraushaar 1993).

Drogenarbeit unter Prohibitionsbedingungen ist im wesentlichen Arbeit an den gesundheitlichen, psychischen, sozialen und ökonomi-

schen Folgen der Kriminalisierung für die einzelnen Drogenkonsumenten. Suchthilfe im klassischen Sinne kann – auch im therapeutischen setting weltabgelegener Therapiestätten – nicht mehr
stattfinden: Kaum ein Bereich der therapeutisch-beraterischen Arbeit,
der nicht geprägt wäre von den mittel- oder unmittelbaren Folgen der
Kriminalisierung: HIV- und zunehmende Hepatitis-Infektionen,
AIDS-Erkrankung, chronische Krankheiten, Schulden, Wohnungslosigkeit, Zerstörung familiärer Beziehungen.

Auch die Rolle des Helfers und seine Beziehung zum Klienten verändern sich grundsätzlich: „Die Auseinandersetzung mit der Strafverfolgung und deren Verhinderung tritt in den Vordergrund. Tak-
tisch-prophylaktisches Vorgehen der KlientInnen und gerichtliche
Auflagen greifen ineinander und definieren die Rolle der BeraterIn
um: von der BeraterIn für Drogen- und Lebensfragen zur Strafver-
meidungshelferIn. Die gemeinsame Erarbeitung von Alternativen
zum Drogengebrauch, die Bearbeitung psychosozialer Ursachen, die
Begleitung der KlientInnen auf der Grundlage von Kontinuität, Klar-
heit und Eindeutigkeit wird erschwert durch Abbruch, Inhaftierung,
Justizdruck" (Görgen 1991, 53).

Von der Öffentlichkeit wird die Verquickung von Therapie und Justiz
entweder nicht wahrgenommen oder ausdrücklich gutgeheißen – der
Zweck soll hier wieder einmal die Mittel heiligen. Gefordert wird,
Drogenarbeit als Spezialdienst solle die Klienten auffangen, Zugangsschwellen abbauen, sichtbares Elend beseitigen, Probleme bewältigen und Not kompensieren. Unter den Bedingungen der Prohibition ist das gesundheitliche und soziale Elend jedoch weder von
Therapeuten und Beratern noch durch die Polizei (auch nicht mit
noch mehr Personal und Ressourcen) zu lösen, selbst wenn eine
weitgehend in der verordneten Opfer- und Objektideologie verhafte-
te Drogenhilfe dies suggerieren mag.

Mit der Integration der Therapie in die Strafvollstreckung hat die
Drogenhilfe einen massiven Glaubwürdigkeitsverlust erlitten: Therapie erscheint den Konsumenten mehr und mehr als eine privat organisierte Fortsetzung der staatlichen Ausgrenzung. Im Bereich sta-
tionärer Langzeittherapien haben teilweise dubiose Methoden Fuß
fassen können, ein Wildwuchs, der bei den Klienten wie in der Fachöffentlichkeit zunehmend auf Kritik stößt (vgl. Kowalsky 1991). Vor
allem pathologisierende, entmündigende und entwürdigende Be-

handlungsformen – zumeist aufbauend auf der Prämisse einer defizitären oder gestörten „Suchtpersönlichkeit" – haben zu grundsätzlicher Kritik (Scheerer) und sogar zur Einrichtung von Beschwerdestellen geführt (Regionalverband akzept 1993).

Selbst im niedrigschwelligen Bereich werden zunehmend nur noch Notversorgungseinheiten errichtet. Damit wird die soziale Ausgrenzung noch forciert: Statt Wohnungen zu schaffen, werden Notunterkünfte zur Verfügung gestellt. Der oft betonte vorläufige Charakter dieser Einrichtungen wandelt sich schnell zu einer Dauerversorgung und neuen Form der Elendsverwaltung. Neue Teufelskreise entstehen: von der Notschlafstelle in den Kontaktladen in den betreuten Szenetreff oder Druckraum und zurück. Bürger- oder Anwohnerinitiativen werfen den niedrigschwelligen Einrichtungen, die den ersten und engsten Kontakt zu den Drogenabhängigen haben, außerdem oft noch vor, sie wirkten sucht- und elendsverlängernd und seien für die Konzentration offener Szenen verantwortlich.

Die professionelle Drogenarbeit, die in den 70er Jahren durchaus mit einem Gegenentwurf zur offiziellen Drogenpolitik angetreten war, wird mehr und mehr von kommunalen Sozial- und Gesundheitsbehörden vereinnahmt. Vieles deutet darauf hin, daß der „akzeptierenden Drogenarbeit" eine ähnliche Institutionalisierung und Bürokratisierung bevorsteht wie der traditionellen Drogenhilfe und sie zu einer neuen Sonderwirklichkeit auf Notversorgungsniveau beiträgt und, etwa über die psycho-soziale Begleitung der Substitutionsbehandlung nach dem § 35 BtMG über Berichts-, Melde- und weitere Kontrollpflichten, in die Strafvollstreckung integriert wird.

Die Grenzen auch für akzeptierende Drogenhilfe werden von der Prohibition und ihrer strafrechtlichen Durchsetzung gesetzt. Das Konzept, unabhängig vom Drogengebrauch Hilfen zu organisieren, Abstinenz, d.h. Verhaltensänderung nicht zu ihrer Voraussetzung zu machen, personale Kompetenzen, Selbsthilfepotentiale und das Wissen um einen risikoarmen Konsum zu stärken, kurz eine „Bemündigung" als Alternative zur traditionell vorherrschenden Entmündigung zu organisieren, dieses Konzept zielt notwendigerweise auf Legalisierung der Drogen. Denn nichts behindert die Durchsetzung akzeptierender Drogenarbeit mehr als das paternalistische Drogenverbot selbst (vgl. Bossong 1991). Der halbherzige Versuch, die traditionelle Drogenhilfe um niedrigschwellige Angebote zu erweitern, im übrigen aber alles beim Alten zu belassen, hat mit akzeptierender Drogenarbeit nichts zu tun. Es müssen vielmehr gesetzgeberische Maßnahmen in Richtung Legalisierung folgen, um der Gefahr der „Überstrapazierung der Erwartungen und realen Möglichkeiten von Pädagogik und Therapeutik" (Bossong 1992) zu begegnen.

Eine wirkliche und sinnvolle „Suchtarbeit" kann nur unter den Voraussetzungen von Entkriminalisierung von DrogengebraucherInnen und legaler Zugänglichkeit zu Drogen (in welchem Modell auch immer) stattfinden. Erst diese Voraussetzung kann eine Auseinandersetzung mit dem „Drogenproblem" der Konsumenten bringen, sofern hinter den offenkundigen „Drogenpolitikproblemen", die jeder Drogenkonsument über kurz oder lang zwangsläufig bekommt, überhaupt eines besteht (Trautmann 1985).

Drogenprävention sieht sich dem Dilemma ausgesetzt, in Fortsetzung staatlicher Verbotsrechtfertigung den illegalen Drogen eine Sondergefährlichkeit zu unterstellen. Eine verantwortungsvolle Gleichbehandlung der Drogen, zwar nach Suchtpotentialen differenziert, wird so jedoch nachhaltig behindert. Leben mit Drogen – gut leben mit Drogen – gut leben mit guten Drogen! Das könnte eine Richtschnur für zukünftige Präventionsarbeit sein. Vorbeugung im Sinne einer „Impfung" gegen den „Virus" Droge können Präventionslehrer oder -sozialarbeiter nicht leisten. Es gibt Gründe, sich für oder gegen bestimmte Drogen zu entscheiden, die sich pädagogischer Beeinflussung entziehen. Die Suchtprävention hingegen konzentriert ihre Ziele auf die Vermeidung eines abhängigen Drogengebrauchsmusters beziehungsweise Vermeidung abhängiger Verhaltensweisen überhaupt. Auch dieser Schwerpunkt sekundärer Prävention kann nur zum Teil realisiert werden, ist doch der Alltag durch vielfältige Abhängigkeitsphänomene gekennzeichnet (Vogt 1990) und ist doch der Gebrauchsstil einiger Drogen nur in der Abhängigkeit subkulturell anerkannt, „vollständig" und für die Gebraucher vorstellbar.

Der Präventionsbegriff von Diettrich-Hartleib betont dagegen die Förderung von Neugier, Lern- und Lebenslust sowie der Bereitschaft, sich auf Neues und Ungewohntes einzulassen. Prävention sei mehr als eine Pädagogik der Entwicklungsförderung, denn als eine der Verhinderung zu verstehen (Diettrich-Hartleib 1991, 203). Eine realistischere und glaubwürdigere Präventionsarbeit wird bei den von den Gebrauchern als positiv wahrgenommenen Seiten des Drogenkonsums ansetzen und lernen müssen, diese zu verstehen und zu akzeptieren. Gerade diese Anerkennung des Genusses durch Drogen war in der bisherigen Präventionsdebatte tabu: Einseitige Gefahrenszenarien und weltfremd-tendenziöse Drogen-Sachkunde beherrschten die Drogen-Erziehung. Gerade aber mit den experimentierenden, probehandelnden, genußvollen Erfahrungen ist oft der Erwerb einer grundlegenden Kompetenz, eines Differenzierungsvermögens in Geschmack und Wirkung verbunden. Die Präventionsarbeit darauf auszurichten, eine Genußfähigkeit unter Vermeidung unerwünschter gesundheitlicher (Neben-)Effekte und sozialer Gefährdungen zu entwickeln, scheint insbesondere dort nötig, wo es aufgrund der Kriminalisierung an „positiven Genußvorbildern" fehlt. Der Zugang stellt sich für viele Probierer nur über die „auffällige", offene Szene, also meist über abhängige Konsumenten her. Ein Kontakt zu Drogengebrauchern zwischen den Polen Abstinenz und Abhängigkeit entsteht allenfalls zufällig, weil diese nur gelegentlich oder unauffällig illegale Drogen konsumieren.

Genußfähigkeit in Bezug auf Drogen ist nach Nöcker (1990, 204) abhängig von mehreren Kriterien:

(1) Zeit haben/nehmen für die Entwicklung eines positiven Zustandes;
(2) Angstfreiheit als Voraussetzung für das Genießen;
(3) Erfahrungsbildung, um Vorgänge in sich und um sich herum besser und angemessen benennen zu können;
(4) Fokussierung und Konzentration auf den Drogenkonsum;
(5) Subjektivität des Genusses;
(6) Selbstbeschränkung als Vermeidung von Sättigung.

„Auch die AIDS-Prävention ist durch die Polizei-Aktion (Verschärfte Polizeikontrollen, Aussprechen von Haus- und Platzverboten in Nürnberg; d.V.) erschwert worden. Bisher verteilten Streetworker zum Schutz vor dem Virus täglich 150 Einwegspritzen in der Szene, jetzt sind es gerade noch 40. ‚Die Spritzenübergabe gleicht nun konspirativen Treffen. Kaum jemand kommt noch direkt auf mich zu – aus Angst, die Polizei könnte uns beobachten und filzen‘, berichtet Streetworker Heinz Ausobsky." (Nürnberger Nachrichten, 6./7.2.1993)

So und in vielen Großstädten wahrscheinlich noch drastischer wird niedrigschwellige Drogenarbeit durch die Strafverfolgung behindert:

Nach einer Zeit der Sensibilität gegenüber der HIV-Verbreitung und der Akzeptanz und der Duldung HIV/AIDS-präventiver Angebote (sterile Einwegspritzen) dominieren jetzt wieder ordnungspolitische Interessen die Drogenpolitik. In wenigen Bereichen wird die Kontra-produktivität der Strafe auf die Hilfe so plastisch deutlich: die Re-pression verhindert den – erwünschten – Schutz vor einer irreversi-blen Infektion, für die es noch keine Impfung und keine Therapie gibt und die zu einem sehr hohen Prozentsatz zur tödlich verlaufen-den AIDS-Erkrankung führt – „Gib' AIDS eine Chance."

II. Was hindert uns daran, auf das Strafrecht im Umgang mit Drogen (überwiegend) zu verzichten?

Das Scheitern der selektiven Drogenprohibition wird inzwischen von vielen gesellschaftlich relevanten Organisationen und Personen konstatiert, der massive Einsatz der Strafverfolgungsbehörden hauptsächlich gegen DrogenkonsumentInnen dabei als ohnmächtige Reaktion auf einen weltweit etablierten Drogenschwarzmarkt kritisiert. Was hält uns dennoch davon ab, Szenarien und politisch umsetzbare Reformen zu entwerfen, die auf das Strafrecht im Umgang mit Drogen verzichten, sofern Dritte und Minderjährige nicht geschädigt werden?

1. Die Vitalität kultureller Mythen

Die allgemeine Wahrnehmung hinsichtlich illegaler Drogen und ihrer Konsumenten ist wesentlich geprägt von Phantasien und Mythen, verfestigten Klischees und Halbwahrheiten, Fehlannahmen und Verallgemeinerungen, die sich einerseits auf die pharmakologischen Potenzen und die Wirkungen bestimmter Drogen beziehen, andererseits die Konsumenten dieser Drogen („defizitäre Persönlichkeiten") sowie Entstehung (Anfixen: „Dealer warten vor dem Pausenhof der Schule", und: „ein-, zweimal gespritzt und schon ist man abhängig"; „Haschisch als Einstiegsdroge"), Verlauf (lineares „Sackgassen-Modell"), Beendigung (nur durch professionelle Hilfe möglichst innerhalb stationären Therapieaufenthalts) und allgemeinen Charakter („Einmal abhängig, immer abhängig") der Abhängigkeit sowie den Drogentod („Überdosis") betreffen (vgl. Kreuzer 1991).
Diese ausschließlich negative Wahrnehmung illegaler Drogen wird über das alltägliche Bild vom kranken, verelendeten, öffentlich sichtbaren Junkie in den Taunusanlagen, dem Breitscheidtplatz, dem Hansaplatz, der Sielwallkreuzung reproduziert. So entstehen Verwechslungen von Drogen- und Drogenpolitikwirkungen, die diese kulturell tief verwurzelten Mythen ständig neu beleben. Individuelle und gesellschaftliche Einflußfaktoren auf den Drogengebrauch wer-

den zugunsten einer Fixierung auf die scheinbar unbeherrschbare, ruinöse Substanz ausgeblendet. Diese Verengung des Blicks tendiert dazu, die Droge für jene Verhältnisse verantwortlich zu machen, die eindeutig auf die Folgen repressiver und prohibitiver Drogenpolitik zurückzuführen sind (vgl. Springer 1991, 123).

Die Mystifizierungen vor allem von Heroin, Kokain und Cannabis lassen sich für die USA bis in die 20er Jahre zurückverfolgen; in Deutschland sind sie Grundlage einer mehr als 20jährigen Drogendiskussion, die illegale Drogen fast ausschließlich als gefährlich, unbeherrschbar und „giftig" betrachtete. Das Schicksal von „Christiane F." und der Tod auf der Bahnhofstoilette sind zu Synonymen für Heroingebrauch geworden. Eine nahezu unaufhaltbare pharmakologische Eigendynamik wird unterstellt, gegenüber der die KonsumentInnen hoffnungslos ausgeliefert sein sollen. Ausdruck dieser selektiven Wahrnehmung ist die offizielle Drogensprache: „Rausch- und Suchtgifte" unterliegen den Bestimmungen des BtMG, die legalen, weil gesellschaftlich akzeptierten Drogen heißen dagegen „Genußmittel".

Quensel (1980) hat diese Mystifizierungen von Drogen Gedankengefängnisse genannt: Unser Denken, Handeln und unsere Ängste in Bezug auf Drogen(freigabe) sind eingeschlossen von Vorannahmen, die uns daran hindern, eine „normalisierende Perspektive" gegenüber dem Umgang mit *allen* Drogen einzunehmen, die Chancen und Gefahren des Gebrauchs gleichermaßen wahrnimmt und anerkennt. Dieses Gedankengefängnis hat noch eine weitere Funktion: Die Negativ- und Problemsicht dient als Schutz vor einer realitäts- und lebensweltbezogenen Differenzierung von Drogen, KonsumentInnen und Konsummustern, die die Glaubwürdigkeit der staatlichen Verbotsrechtfertigung in Zweifel ziehen könnte. Daß Drogen auch Genuß bieten, könnte dann ebenso wenig übersehen werden wie die Tatsache, daß „Riten, Normen und andere soziokulturelle Variablen mindestens ebenso bedeutsame Determinanten beim Genuß von Rauschmitteln sind wie die chemischen Eigenschaften eines Rauschmittels, der physische und psychische Gesundheitszustand des einzelnen Verbrauchers und angeborene biologische Besonderheiten" (Harding 1981, 694). Entsprechend gibt es auch differenzierte Gebrauchsmuster von Drogen, unterschiedliche Einstiegs- und Ausstiegswege sowie unterschiedliche Verläufe von Abhängigkeit.

Zu fragen ist, welches gesellschaftliche Interesse die Mythen am Leben erhält, welche Funktionalität sie im Drogendiskurs besitzen? Bis vor wenigen Jahren war es in der öffentlichen und wissenschaftlichen Diskussion ein Tabu, positive Aspekte des Drogengebrauchs überhaupt anzusprechen. Der diskursive Vorteil dieses Tabus lag in dem, was Systemtheoretiker Reduktion von Komplexität nennen: Es erlaubte einfache Schlußfolgerungen und klare Maximen: Was verboten ist, kann nichts Gutes haben; Prävention ist umso wirksamer, je finsterer das Bild ist, das sie von den Drogen zeichnet. Wer dem Schwarz-Weiß-Denken widersprach und sachlich informierte, stand schon auf der Seite des Übels und „verleitete" zum Drogenkonsum. Bei Strafe des Verlustes wissenschaftlicher Reputation galt es als unverantwortlich, über „die andere Seite der Drogen" oder gar über „Freigabe der Drogen" auch nur zu sprechen. Noch heute ist diese Sichtweise vereinzelt zu finden: So soll nach Auffassung des Rauschgiftdezernenten im Landeskriminalamt Niedersachsen, Gerold Koriath, die Diskussion um die Freigabe illegaler Drogen mitverantwortlich dafür sein, daß sich der Anteil der Erstkonsumenten unter den Drogentoten 1992 auf 40% erhöht habe. (Weser-Kurier, 31.12.1992/1.1.1993)

Doch die Dämonisierung, die „schwarze Drogenpädagogik", wirkt in ihrer Einseitigkeit eher unglaubwürdig als abschreckend. Für die Prävention ist jedoch nichts kontraproduktiver als Unglaubwürdigkeit. Der Vorwurf mit zweierlei Maß zu messen und vor allem zu strafen, darf in seinen negativen Auswirkungen vor allem auf jugendliche Rezipienten nicht unterschätzt werden (vgl. Leu 1984).

2. DAMMBRUCHSZENARIO: NOCH MEHR DROGENPROBLEME?

Ängste vor einer Drogenfreigabe beziehen sich vor allem darauf, daß der errichtete „Damm" gegen die Drogen bricht und eine Drogenwelle uns überrollt, daß der Konsum harter Drogen sich dann ebenso stark ausbreitet wie etwa der von Alkohol und Kinder von ihnen genauso wenig ferngehalten werden können wie beispielsweise von Zigaretten. Szasz bezeichnet das Bild von der Drogenwelle zutreffend als Pharmacomythologie, die Hypostasierung einer chemischen Substanz unter völliger Ausblendung ihrer (sub)kulturellen Verwendung, Einbindung und Funktionalität. Wir tun gerade so, als würde uns die Droge nehmen und nicht umgekehrt: Eine geradezu klassische Verwechselung von Chemie und Ritual! Die „Übergefährlichkeit" der illegalen Drogen läßt die Menschen zu unmündigen Opfern werden, die vor sich selbst geschützt werden müssen.

Treffend haben dies Christie/Bruun beschrieben: „Bevor das Heroin nach Skandinavien kam, kam sein Ruf. Es hatte es zwar schon gegeben, aber man hatte es vergessen. In fetten Lettern wurde die medizinische Wahrheit lanciert: Dies ist die Droge, von der es keine Umkehr gibt, eine Nadel genügt und du bist für immer an der Nadel. Dein Leben ist von nun an ein Kampf um Stoff. Die Sucht ist so stark, daß alle gewohnten Regeln und Gesetze außer Kraft gesetzt sind. Gibt es keinen Stoff, führt der Weg geradewegs in die Hölle. Alles schreit im Körper, wenn er keinen Stoff bekommt. Die Menschen werden zu Dieben, Räubern, zu Prostituierten; sie sind SklavInnen einer teuren, kostbaren Droge geworden" (Christie/Bruun 1992, 62).

Die Annahme, daß die heute illegalen Drogen eine außerordentliche pharmakologische Verlockung darstellen und für breite Bevölkerungsschichten eine hohe Attraktivität besitzen („Heroin ist so gut – wir werden alle in seinen Strudel hineingerissen!"), unterstellt, bislang habe nur das Verbot und nicht etwa die spezifische Subkultur und Ängste hinsichtlich der Suchtpotenz die Mehrzahl der Menschen davon abgehalten, sie zu probieren. Viele, die in ihrer Jugend Cannabis konsumiert haben, werden feststellen, daß es ein Jugendphänomen geblieben ist, das in spätere Lebensphasen und Sozialbeziehungen, die eher durch die Volksdroge Alkohol geprägt sind, nicht mehr integriert werden und keine rituelle Bedeutung konservieren konnte. Ebenso entwickeln viele, die weiterhin Drogen konsumieren, mit der Zeit Selbstregulationsmechanismen, die sie vor potentiellen Schäden bewahren helfen sollen. Cohen (1992) hat überzeugend für Kokainkonsumenten in Amsterdam gezeigt, wie eine solche Selbstregulation und -kontrolle konkrete Kenntnisse, Normen, und Regeln entwickelt.

Die Dämonisierung des Heroins sowie die Unterstellung einer typischen „Suchtpersönlichkeit" mit „Suchtdispositionen" verstellen systematisch den Blick für individuelle und (sub)kulturelle Bewertungen und Bedeutungen des Drogenkonsums, für Einstiegs-, Konsum-

und Beendigungsmuster, die den Mythen widersprechen, für das „Ritual der Drogen" (Szasz) und positive und sinnstiftende Funktionen des Drogengebrauchs innerhalb von peer-groups.

Würden bei einer Legalisierung tatsächlich alle Dämme brechen? Die Entkriminalisierung von Cannabis-Produkten in den Niederlanden seit den 70er Jahren beispielsweise hat nicht zu einem Dammbruch geführt. Im Gegenteil: die holländische Regierung teilt mit, daß sich der Anteil der Cannabiskonsumenten unter der jugendlichen Bevölkerung stabilisiert hat – trotz coffieshops in nahezu jeder Stadt, in denen Cannabisprodukte verschiedenster Zubereitung und Herkunft problemlos erworben und konsumiert werden können (vgl. Ministerium f. Gesundheit, Gemeinwohl und Kultur 1989; Rüter 1992; Cohen 1993). Cannabiskonsum ist schon seit über zehn Jahren in der holländischen Öffentlichkeit kein Gegenstand kontroverser Diskussionen mehr.

Die Forschungen von Cohen (1993) über integrierten und unauffälligen Kokain-Gebrauch in Amsterdam geben Anhaltspunkte dafür, wie sich der Kokain-Gebrauch nicht nur bei einer leichten Zugänglichkeit, sondern auch bei einem legalen Zugang entwickeln würde. Etwa 5 % der Bevölkerung von Amsterdam hat jemals Kokain gebraucht; drei Viertel davon haben es nicht öfter als 25 mal konsumiert und müssen als gelegentliche oder experimentierende Gebraucher betrachtet werden. Auch andere Forschungsergebnisse scheinen zu bestätigen, daß nur etwa jeder zehnte Gebraucher zu dauerhaftem kontinuierlichem, gegebenenfalls hochdosiertem Gebrauch dieser Droge übergeht. Selbst wenn sich also bei legalisierten Zugangsmöglichkeiten die Zahl der Jemals-Gebraucher stark erhöhen würde, ist davon auszugehen, daß nur ein geringer Prozentsatz regelmäßig Kokain konsumieren und möglicherweise Probleme und ein Selbstbild als „Problemgebraucher" entwickeln würde. Für diese Gruppe müssen Behandlungsangebote entwickelt werden. Cohen vertritt die These, es sei nicht die leichte Verfügbarkeit einer Droge, die uns anziehe, sondern ihr (sub-)kulturelles Image.

Seit 1978 haben elf US-Bundesstaaten Gebrauch von Marihuana dekriminalisiert, 30 weitere Staaten haben bei der erstmaligen straffälligen Auffälligkeit auf Inhaftierung und Eintragung ins Strafregister verzichtet. Gleichwohl hat es seit 1978 einen erheblichen Rückgang beim Marihuana-Gebrauch in allen Altersgruppen gegeben:

„Wenn es auch unmöglich ist zu sagen, was diesen dramatischen Rückgang bewirkt hat, so kann man doch sagen, daß die Lockerung der Gesetze diesen Rückgang nicht verhindert hat" (Zeese 1990, 33). Dennis (1990, 217 ff.) berichtet von den Ergebnissen einer Telefonbefragung einer Stichprobe von 1.401 erwachsenen Amerikanern zu Drogenthemen. Befragt, ob sie bei einer Legalisierung von Cannabis oder Kokain diese Drogen probieren würden, schätzten 80,5 % bzw. 92,8 % dies als äußerst unwahrscheinlich ein. Von denen, die weder Erfahrungen mit Cannabis noch mit Kokain hatten, würde nur ein sehr kleiner Prozentsatz mit hoher Wahrscheinlichkeit diese Drogen nehmen (1,1 % bzw. 0,5 %).

Selbst wenn man annimmt, daß mit einer Legalisierung den Drogen trotz des gesellschaftlichen Trends zu wachsendem Gesundheitsbewußtseins ein positives Image erhalten und die Zahl der Probierer noch stärker ansteigen würde, würden sich die Bedingungen dieses Konsums grundlegend ändern: Der gesellschaftliche Umgang mit Sucht wäre dadurch gekennzeichnet, daß problematischer Drogengebrauch als Krankheit und unauffälliger Konsum als Lebensstil anerkannt werden würde. Alle kontrollinduzierten Risiken würden wegfallen, die, wie gezeigt, für Schädigungen von Gesundheit und sozialer Integrität der Konsumenten vor allem verantwortlich zu machen sind.

Auch die vor allem von staatlichen Instanzen vorgetragene Befürchtung, eine Freigabe werde als Signal für die Harmlosigkeit und Aufforderung für den Gebrauch dieser Drogen verstanden, vermag nicht zu überzeugen. Der Staat spricht keine Empfehlung zum Drogenkonsum aus, wenn er das Strafrecht in diesem Bereich eliminiert. Er kann und muß statt dessen andere Maßnahmen zur Entwicklung eines verantwortungsvollen und gesundheitsbewußten Umgangs mit Drogen entwickeln.

3. DER GLAUBE AN DIE MACHT DES STRAFRECHTS

Wie gezeigt, hat es das Strafrecht weder in spezial- noch generalpräventiver Hinsicht vermocht, Neueinsteiger wirksam abzuschrecken, Abhängige zu einer Unterlassung ihres Verhaltens zu stimulieren oder gar Drogenhändler abzuschrecken. Der Glaube an die Kraft des Strafens ist dennoch weit verbreitet. Dem liegt die Annahme zugrunde, daß in genau dem Maße, in dem man die Strafverfolgung quantitativ ausbaut und qualitativ verbessert, auch die intendierten Effekte sich steigern lassen. Es ist die Logik des „Viel hilft viel": Mehr Polizeistellen sollen zu höheren Sicherstellungsmengen, d.h. verknapptem Drogenangebot führen, intensivere Fahndungs- und Ermittlungsmethoden zu erhöhtem Zugang zu Händlerringen, höhere Strafen sollen eine intensivere Abschreckung bewirken, rascherer strafjustitieller Kontakt soll zu vermehrter Behandlung und Beratung, mehr Therapieplätze zu mehr drogenfreien Menschen führen. Eine Abkehr vom Strafprinzip als vorherrschendem Kontrollmodell kann dann nur noch als Kapitulation vor der „Organisierten Kriminalität" verstanden werden. Folglich wird „Immer-Mehr-Desselben" gefordert: Mehr Geld für Polizei und Therapie, mehr Handlungsspielraum in der polizeilichen Ermittlung, Ausdehnung des sachlichen und personalen Geltungsbereichs des BtMG. Die Schlacht gegen das Rauschgift könne derzeit nicht gewonnen werden, sagte der Chef des Bundeskriminalamts Zachert, er sehe jedoch eine realistische Chance, wenn die europäischen Länder eine gemeinsame Strategie entwickelten: „Die Polizei vermag noch zuzulegen im Abwehrkampf, wenn sie koordiniert zum Zuge kommt". Dazu brauche sie jedoch ein besseres rechtliches Instrumentarium. (Weser-Kurier, 19.4.93). Mit erweitertem Waffenarsenal soll der „Krieg gegen die Drogen" also doch zu führen und zu gewinnen sein …

Ganz ohne Strafverfolgung, Therapieauflagen und Gefängnis ist in vielen Ländern in den letzten zwanzig Jahren ein erheblicher Rückgang des Nikotin-Gebrauchs (vor allem bei Männern) zu verzeichnen, obwohl in einigen Staaten Tabakbauern subventioniert werden und die Droge sowohl im Supermarkt als auch in Automaten für jedermann frei zugänglich ist (Junge 1990, 76; Hess 1989a). Erreicht wurde dieser Rückgang insbesondere durch öffentliche Negativbewertung und Berichterstattung über die Gesundheitsrisiken des Rauchens: „Dieser Imagewandel ist ein ganz wichtiger Punkt: ein negatives Image hat seine Auswirkungen in der alltäglichen Interaktion und wirkt, übersetzt in Gruppendruck, effektiver in der Primärprävention und auf die Entwöhnungsmotivation als Verbote und Angst vor gesundheitlichen Schäden" (Hess 1989a, 156).

Das „Schnüffeln" – noch Anfang der 80er Jahre als außerordentliche Gefahr apostrophiert – ist in Deutschland unter Jugendlichen kaum verbreitet, obwohl Pattex, Benzin und andere inhalierbare Stoffe leicht zugänglich sind.

4. INTERESSEN AN DER PROHIBITION

4.1. Die Drogenhilfe – Stolperstein auf dem Weg zur Legalisierung?

Angesichts der immer größer werdenden Schwierigkeiten, wirksame Hilfe für DrogengebraucherInnen zu leisten, müßte man annehmen, daß Drogenhelfer daran interessiert sein müßten, die Potenzierung der Drogenprobleme durch die Prohibition aufzuheben. Weit gefehlt! Der Fachverband Drogen und Rauschmittel etwa, in dem bundesweit Drogentherapeuten und -berater zusammengeschlossen sind, verhält sich äußerst defensiv. Diese Zurückhaltung ist symptomatisch für die Haltung der professionellen Helfer in Bezug auf die Prohibition: Vorschläge zur Verbesserung der Lage von DrogenkonsumentInnen bezogen sich stets auf eine immanente Veränderung des Betäubungs-mittelgesetzes, das in seinem Kernbestand – dem selektiven Drogen-verbot – nicht angetastet wurde. Die Forderung nach Entkriminali-sierung der DrogenkonsumentInnen hatte dort ihre scheinbar natürliche Grenze, wo es um einen kontrollierten legalen Zugang zu den im BtMG aufgeführten Substanzen ging. Den Drogen-schwarzmarkt als alleinige Versorgungsquelle mit all seinen Geset-zen und Gefahren und damit auch Beschaffungskriminalität und -prostitution nimmt man damit in Kauf (FDR 1989).

Daß insbesondere die unselige Verquickung von Strafe und Therapie nicht grundsätzlich in Frage gestellt wird, legt den Verdacht nahe, Therapiekonzerne und Fachverbände sorgten sich um ihren „Zuliefe-rer", die Justiz, und befürchteten, ihre Klientel könnte mit Aufhe-bung der Prohibition nicht mehr in der gewünschten Zahl verurteilt und vor die Wahl „Therapie oder Strafvollzug" gestellt werden.

Andere von Vertretern des Fachverbandes vorgetragene Argumente gegen einen legalen Zugang zu Drogen klingen eher nach pater-nalistischer „Volkspädagogik": Das „labile psycho-soziale Funda-ment unserer Gesellschaft" sei nicht reif für eine Beseitigung der prohibitiven Gesetze (Schwehm 1990, 4 f.); die suchtverursachenden

Kräfte in unserer Gemeinschaft seien so stark, daß der Schutz durch Gesetze zum jetzigen Zeitpunkt notwendig sei; es sei unverantwortlich, in eine süchtige Gesellschaft noch weitere legale Drogen einzuführen; und schließlich: „Zuallerst müßten solche Gesetze forciert werden, die präventiv-positiv auf das psycho-soziale Fundament unserer Gemeinschaft einwirken könnten" (Schwehm 1990, 6).

Der Glaube an die Steuerungsfähigkeit menschlichen Verhaltens durch das Strafrecht scheint unausrottbar: Was die Drogen betrifft, ist dieser staatliche Steuerungsversuch jedoch gescheitert. Die Kontrolle wird durch die Konsumenten unterlaufen. Was zeigt besser an als massenhafte Normübertretung, daß das gesetzliche Verbotskorsett einigen Drogen gegenüber offensichtlich nicht mehr adäquat ist? Der Prozeß der „Enkulturation" sogenannter kulturfremder Drogen hat längst begonnen. Zudem hält das vermeintlich „labile psycho-soziale Fundament" ja auch massenhaften Alkoholkonsum aus, warum muß es gegenüber den illegalen besonders gestärkt werden?

Die Einordnung der Maßnahmen auf einer Zeitachse – zunächst die „suchtverursachenden Kräfte in unserer Gemeinschaft abbauen", „präventive Gesetze" erlassen und erst dann einen anderen juristischen Umgang mit heute illegalen Drogen einleiten – verschiebt das Vorhaben „Legalisierung" vertröstend auf den Sankt-Nimmerleins-Tag. Abgesehen davon ist höchst umstritten, was genau „präventiv-positiv" gesellschaftlich verändert werden müßte, damit das „psycho-soziale Fundament" weniger „labil" und anfällig gegenüber den „Suchtgefahren" wäre. Man kann zwar eine Vielzahl sozialer Rahmenbedingungen auflisten, die depravierend und damit potentiell suchtfördernd wirken, aber aus diesen keine Zukunftsprognosen ableiten. Es geht hier um die allgemeine Verbesserung der Lebenslagen von Menschen und damit auch allgemein um die Reduzierung menschlichen Leidens in und an der Gesellschaft. Dazu müßte die „Suchtprävention" in sozial-, gesundheits-, jugend- und umweltpolitische Zusammenhänge gestellt werden und zwar mit Hilfe einer rational nachvollziehbaren, transparenten Kontrolle von Drogen, statt mit einer doppelbödigen, repressiv orientierten Drogenpolitik.

Wenn auch festgestellt wird, „wie wenig sich auf den Erfolg prohibitiver Gesetze zu verlassen ist" (Schwehm 1990, 4), so wird der Prohibition letztlich – in Bezug auf Cannabis – doch noch eine positive Funktion unterstellt: „... die Prohibition (hat) zwar den Konsum von

Cannabis nicht verhindern, dafür aber die Adaptionsphase zum Schutz von Gesellschaft und Konsumenten verringern können. Die bestehenden prohibitiven Gesetze haben also durchaus eine präventive Schutzfunktion gehabt" (ebd., 5). Unklar bleibt, wie die Gesellschaft und vor allem die Konsumenten durch die Prohibition geschützt wurden. Ausgeblendet werden vor allem die negativen Wirkungen der Prohibition: die Kriminalisierung Hunderttausender von Cannabiskonsumenten, die ja nicht die Gesellschaft, allenfalls sich selbst geschädigt (vielleicht aber auch genützt ...) haben. Zweifellos ist der Gedanke einer „Adaptionsphase" richtig, der Übergang vom Verbot zur Freigabe ist nur als Prozeß vorstellbar. Und gewiß fehlen noch Überlegungen, wie dieser Übergang zu gestalten wäre – mit zivilrechtlichen Regelungen statt mit strafrechtlichen! Eine Legalisierung wäre zu flankieren durch Programme zur Gesundheitsförderung, wie sie im Bereich des Tabakrauchens durchaus Erfolge zeigen (vgl. Hess 1989 a).

4.3 Vom Nutzen des Elends: Symbolische Politik mit Drogen

„Das Wichtige an einem Heiligen Krieg ist ihn zu führen, nicht ihn zu gewinnen" (Trebach/Zeese 1990, 28 ff.).

Der Mißerfolg einer prohibitiven Drogen„kontrolle" ist unübersehbar: 90–95 % der verbotenerweise eingeschmuggelten Drogen erreichen die Endabnehmer – in einer Form, die ihrer Gesundheit und ihrem sozialen Status immens schaden. Warum hält man trotz allseits konstatierter general- und spezialpräventiver Ineffektivität so halsstarrig am selektiven Drogenverbot fest? Wie ist der hohe und irrationale Aufmerksamkeitswert des Drogenthemas in der öffentlichen Wahrnehmung erklärbar? Warum ignoriert man die beachtliche Zahl wissenschaftlicher Untersuchungen aus den letzten hundert Jahren – vom Bericht der Indian Hemp Commission 1893/94 über den La Guardia Report 1944 bis zur Studie des National Council of the National Academy of Sciences 1982 –, die die vermeintliche Gefährlichkeit in der Regel nicht bestätigten und die kontraproduktiven Folgen strafrechtlicher Interventionen aufzeigten (vgl. zur Übersicht: Trebach 1990, 34)? Warum können sie überhaupt ignoriert werden? Eine martialische Rhetorik begleitet den „Krieg gegen die Drogen": Da werden „Fronten" errichtet, Propaganda verbreitet, „Kämpfe gegen ..." unternommen, da wird „zerschlagen" (vornehmlich Händlerringe), vertrieben (vornehmlich KonsumentInnen) und „gesäubert" (vornehmlich Innenstädte). Die Feldherrnsprache in den Medien und an den Stammtischen dokumentiert auf eindringliche Weise, wie gesellschaftliches Interesse und Ressourcen auf einen „Außenfeind" gebündelt, Bedrohungsszenarien erzeugt und auf diese Weise enorme personelle und finanzielle Mittel zur Abwendung der beschworenen Gefahren eingefordert werden können.

Barsch (1993) zeigt exemplarisch anhand der Entwicklung der Drogendiskussion in den neuen Bundesländern, wie schnell nach der Wiedervereinigung der von Medien und „ExpertInnen" dramatisierte illegalisierte Drogenkonsum als etwas wahrgenommen wurde, das „von äußeren, verbrecherischen Kräften initiiert, installiert und als ‚Drogenwelle' hereinbrechen wird". Neben einer „Drogennaivität" und der Angst, dem „Spiel übermächtiger Kräfte" ausgeliefert zu sein, zeugt vor allem das Strafbedürfnis der Bevölkerung von der hohen symbolischen Aufladung des Themas. Drogengebraucher werden dabei – übrigens im Westen wie im Osten – als willenlose, verführte, unschuldige Opfer der mit schärfsten Mitteln zu verfolgenden Händler gesehen. Mit dieser Opferrolle, die den Beteiligten einen Objektstatus zuschreibt, läßt sich in Umgehung von Selbstbestimmungsrechten dann Politik „in den besten Absichten" und „mit helfendem Zwang" betreiben.

Illegale Drogen und deren Händler stellen symbolische Feinde dar, die weit über die pharmakologischen Risikopotentiale der entsprechenden Substanzen hinaus verfolgt werden. Drogen werden mit Mythen aufgeladen, die fortan eine Eigendynamik entfalten. Damit wird gleichzeitig Polarisierung und Ausgrenzung befördert. Eine weitere Ursache für den Bedeutungsüberhang, den die illegalen Drogen im Vergleich zu den legalen einnehmen, liegt sicherlich in der Angst und Unsicherheit vor dem „kulturfremden", scheinbar nicht in den normalen Alltag integrierbaren Rausch, der als Herausforderung der Alkohol-Kultur wahrgenommen wird.

Die Ausgrenzung von KonsumentInnen illegaler Drogen als Behandlungs-, mindestens aber Beratungsbedürftige oder gar als Kriminelle lebt von dieser undifferenzierten, ‚drogennaiven' Wahrnehmung: „Je mehr wir Menschen als Kriminelle oder als Monster ansehen, desto leichter ist es, Distanz zwischen ihnen und uns aufzubauen. Sie waren nie wie wir, und wir werden nie wie sie sein." (Nils Christie, taz 23.3.1993). – Ein Prozeß, an dem auch die Drogenhilfe und in einer subkulturellen Verklärung/Glorifizierung von Drogenwirkungen auch die KonsumentInnen selbst beigetragen haben. Deutlich wurde die Pathologisierung von Drogenkonsumenten durch die Drogenhilfe Anfang der 80er Jahre bei der Debatte um die Neufassung des Betäubungsmittelgesetzes, als Funktionäre von Drogenhilfeeinrichtungen in ihrem von „Störungen" und „Defiziten", „Unreife" geprägten Menschenbild von DrogenkonsumentInnen für „Leidensdruck" und „helfenden Zwang" plädierten, der durch die Organe der Strafverfolgung und -vollstreckung erzeugt beziehungsweise verstärkt werden sollte (vgl. Schuller 1991, 40 f.).

Das Bedrohungsempfinden und die Beunruhigung gegenüber illegalen Drogen hält innerhalb der gesamtdeutschen Bevölkerung unvermindert an. Eine Repräsentativbefragung zu „Einstellungen der Bevölkerung zur Bedrohung durch Rauschgift" (GFM-GETAS 1990) deutet auf eine ungebrochene Akzeptanz eines (verstärkten) staatlichen Einsatzes im Kampf gegen das Rauschgift hin (86 %). Lediglich 11 % sind der Auffassung, daß Drogenkonsum Privatsache sei, aus der sich der Staat herauszuhalten habe. Die Bekämpfung des „Rauschgiftproblems" hat eine hohe Bedeutung im Umfeld anderer großer politischer Aufgaben. Sie rangiert unmittelbar hinter Friedenssicherung, Schaffung von mehr Arbeitsplatzsicherheit, Durchsetzung wirksamer Umweltschutzmaßnahmen und der Sicherung der Renten. Helga Cremer-Schäfer (1993) weist zur Erklärung dieser Besetzung auf einen Mechanismus hin, der zumindest die Wellen öffentlicher Erregung erklären könnte: Unter „Policing the crisis" versteht sie die Transformation sozialer Kontrolle in moralische Kämpfe – besonders deutlich in Krisenzeiten. Die Ausgrenzung bestimmter Gruppen schafft einen gesamtgesellschaftlichen Konsens, soziale und ökonomische Spannungen werden auf die Ausgegrenzten projiziert, ein Mechanismus, der sich angesichts von ökonomischer Rezession, Migrations- und Umweltproblemen verstärkt.

Sozialpsychologisch gesehen, wird der normative Kern einer Gesellschaft ständig neu gestärkt, wenn normative Herausforderungen, das Andere, an den Rand gedrängt werden. Feinde sind nicht nur bedrohlich, sondern auch „nützlich" – der ‚War on Drugs' somit ein willkommenes Surrogat etwa für den obsoleten Kalten Krieg. „Nützliche

Feinde" und ihre „Bekämpfung" haben nach Christie/Bruun (1991, 52 ff.) folgende Charakteristika:

(1) „Offizielle soziale Probleme sind die Probleme, gegen die Führungs- und Machtgruppen eine Mobilisierung erreicht haben. Es ist ja klar, soziale Probleme können nie solche sein, die Zentralpositionen einer Gesellschaft bedrohen. Es gibt keine Definition eines sozialen Problems, das etwa der Industrie, den Gewerkschaften, wichtigen Berufsgruppen oder geographischen Regionen schaden könnte, ebensowenig der intellektuellen Elite. Man definiere nie einen Feind so, daß sich eine mächtige gesellschaftliche Gruppe hinter ihn stellt und dann gegen solche Problemdefinition zu Felde zieht.

(2) Der Feind ist immer gefährlich, teuflisch, unmenschlich, zumindestens gilt dies für die Anführer, die Verführer.

(3) Wer im Kampf gegen den Feind die Verantwortung zu tragen hat, muß sich selbst sicher fühlen können. Kritik muß warten, bis der Kampf beendet ist.

(4) Gute Feinde bleiben immer am Leben. Generäle mögen sich Siege wünschen, nicht aber ewigen Frieden.

(5) Der perfekte Feind ist klar genug, um bekämpft zu werden, zugleich aber unklar genug, damit er nach Bedarf hinter der nächsten Ecke vermutet werden kann.

(6) Der Feind läßt sich nicht auf's rein Absurde reduzieren. Es gibt ihn, man kann ihn täglich erfahren, wenngleich nicht in dem Umfang und der Stärke, mit den Zielen und Motiven, wie es die Generäle gerade proklamieren."

Der sozialpsychologische Nutzen der Prohibition für die Gesellschaft liegt in der Produktion eines Außenfeindes, der Identifizierung des Bösen in Gestalt der Dealer („Mörder"), über die sich die übrige Gesellschaft einmal mehr stabilisiert. Böllinger zieht Freuds Ausführungen zum Tabu als Erklärung für die kollektive Einhaltung des Drogenverbots heran. Den Drogen werden geradezu dämonische Fähigkeiten zugeschrieben und die KonsumentInnen entsprechend als Besessene angesehen: „Tabus sind also nach Freud solche Lustzustände oder Befriedigungsweisen, die unbewußt zutiefst, das heißt triebhaft erstrebt sind, die jedoch zwecks Vermeidung eines bedrohlichen Konflikts verdrängt und mit der fraglosen Vorgabe der Unberührbarkeit gegenbesetzt werden. Es muß eine unbewußte Phantasie des ungefähren Inhalts geben: Wenn ich einen verbotenen Gegenstand berühre, ein bestimmtes Verhalten ausübe, wird etwas Katastrophales passieren. Die absolute Vermeidung, Buße und Reinigung aber können mich retten. Ambivalenz bezeichnet also den aus einem befürchteten äußeren Konflikt resultierenden inneren Konflikt, der durch Verdrängung, Verleugnung, Verschiebung, Projektion und Gegenbesetzung gelöst wird. Die Lösung ist jedoch nur scheinbar, denn die so abgewehrte Triebstrebung geht nicht unter, sondern kehrt, wenn auch in den verschiedenen Formen entstellt, verzerrt, ins Gegenteil verkehrt, beim Anderen sichtbar, wieder" (Böllinger 1992, 170).

Kann verstärkte Aufklärung, Gegenöffentlichkeit und die Betonung des Zusammenhangs von legalen und illegalen Drogen und Süchten diese sozialpsychologischen Ausgrenzungsmechanismen durchbrechen? Dazu wäre es nötig, daß sich das gesellschaftliche Problembewußtsein nicht länger auf eine Randgruppe von Drogenkonsumenten konzentriert, wodurch lediglich Suchtängste delegiert und in Aggression gewendet werden. Es käme darauf an, zwischen Kern und Rand zu vermitteln, die „Wahrnehmungen der Minder- und der Mehrheit in einen integrativen Prozeß (zu) bringen" (Stocker 1992, 21) und auf Affektabfuhr durch Kriegsrhetorik zu verzichten.

Ob die gegenwärtige Diskussion über eine „Inflation der Süchte" für einen Prozeß der Integration und „Normalisierung" nutzbar zu machen ist oder nur eine neue Aufspaltung in „normale" und „dämonisierte" Süchte beziehungsweise Süchtige erfolgen wird, steht noch dahin. Wenn allerorten darüber geredet wird, daß Süchte und Drogen im Alltag eines jeden Menschen präsent sind, bestehen dann nicht Chancen für eine Normalisierung, ein Abbau des Fremden und der Distanz?

5. NUR AN DEN SYMPTOMEN KURIEREN? – MAXIMALISTISCHE POSITIONEN UND DIE „SOZIALE FRAGE"

Kindermann (1993, 217) weist auf ein entscheidendes Moment der Legalisierungsdiskussion hin: die Überfrachtung der Debatte mit ultimativen „Lösungsansprüchen" und unrealistischen Heilserwartungen. Der legale Zugang zu noch verbotenen Drogen soll entweder die definitive Lösung „des Drogenproblems" bringen können, oder er kann das Problem eben auch nicht lösen und ist deshalb nicht weiter zu verfolgen.

Diese Form des maximalistischen Entweder-oder hat in der Drogendebatte eine lange Tradition, vermutlich weil diese stets auch moralisch aufgeladen war und nur moralische Positionen sich in dieser Rigidität und scheinbaren Selbstverständlichkeit formulieren ließen. Scheerer (1992a) konnte etwa für die Einführung und Aufhebung der Alkohol-Prohibition in den USA zeigen, daß in symmetrischer Weise teilweise dieselben messianisch vorgebrachten Heilserwartungen zunächst von den Befürwortern für, später von den Gegnern gegen die Prohibition vorgebracht wurden.

Das Abstinenzdogma als Leitlinie von zwanzig Jahren Drogenhilfe und -politik hat eine schadensbegrenzende, suchtakzeptierende Drogenhilfe, wie sie seit Mitte der 80er Jahre erst durch das Auftreten von AIDS in der Gruppe der KonsumentInnen illegaler Drogen möglich wurde, erfolgreich verhindert und als „vergebliche Liebesmüh", „Halbheit" und vor allem als „Kapitulation" denunziert. Akzeptierende Drogenarbeit ging aus von der schlichten Erkenntnis, daß nicht jeder Drogenabhängige und nicht zu jedem Zeitpunkt bereit oder in der Lage ist, seinen Drogengebrauch zu beenden, und daß Zwangsmaßnahmen sich eher kontraproduktiv auf die Motivation der Abhängigen auswirken. Die Sucht mußte also als Lebensstilmerkmal oder Krankheit, für die zunächst keine Heilung im klassischen Sinne angestrebt wurde oder werden konnte, akzeptiert werden und schadensminimierende Hilfen bereitgestellt werden. Wenn Ausstiegsmotivationen entwickelt werden, müssen natürlich Angebote zu bedürfnisadäquatem Entzug und Therapie vorgehalten werden. Da akzeptierende Drogenarbeit gar nicht den Anspruch erhob, „das Drogenproblem" lösen zu können, ist auch keine „Kapitulation vor der Droge" möglich. Wie kann man vor etwas kapitulieren, das man gar nicht bekämpfen will oder kann?

Auch die Methadondebatte war gekennzeichnet von überzogenen Erwartungen: Einerseits sollte durch die Substitution der Schwarzmarkt von Heroin aufgelöst, die Drogenprostitution beendet und die Beschaffungskriminalität beseitigt werden. Kritiker befürchteten andererseits die Medikalisierung des Drogenproblems, pharmakologische Ruhigstellung aller Drogenkonsumenten, Sucht auf Krankenschein. Ähnliches gilt auch für die vereinfachende Unterstellung, der

Hamburger Senat wolle mit der Heroinabgabe an 200 Schwerstabhängige die Beschaffungskriminalität eindämmen oder den Drogenschwarzmarkt empfindlich treffen.

Die Erfahrungen in Deutschland zeigen, daß weder die überzogenen Erwartungen noch die finsteren Befürchtungen sich erfüllt haben und, jedenfalls in der jetzigen rechtlich und administrativ hochschwelligen Ausgestaltung der Substitutionsbehandlung, sich wohl auch nicht erfüllen können. Die Ergebnisse sind differenzierter: Nahezu alle Evaluationsstudien zeigen, daß der gesundheitliche Zustand der mit Levomethadon Behandelten sich dramatisch bessert, die Legalbewährung zunimmt, soziale Integration ermöglicht wird und HIV-Infektionsrisiken abnehmen. Deutlich werden allerdings jetzt andere soziale Probleme der Behandelten, die den Behandlungserfolg stets gefährden können: Wohnungs- oder Obdachlosigkeit, Arbeitslosigkeit. Diese, nicht zuletzt aufgrund der 20jährigen sozialen und fachlichen Ausgrenzungspolitik gegenüber DrogenkonsumentInnen erst entstandenen Probleme können durch Substitution nicht behandelt werden, sie treten jetzt nur noch schärfer zutage. Frey/Roth (1992) überfrachten die Legalisierungsdiskussion von einer anderen Seite her: Sie unterstellen den Befürwortern antiprohibitionistischer Kontrollmodelle die Hoffnung, mit der Drogenfreigabe gleichzeitig das Organisierte Verbrechen zerschlagen zu können. Doch niemand nimmt ernsthaft an, die Mafia würde sich durch die Freigabe von Drogen in ihrer Existenz bedroht sehen: Entweder wird ein legalisierter Drogenhandel von der dann in legalem Gewand auftretenden Mafia organisiert werden, oder/und die Mafia wird in ihren anderen Arbeitsbereichen (Menschenhandel, Glücksspiel, Waffenhandel etc.) umso aktiver werden. Vielleicht wird sie auch versuchen, neue Kundenschichten anzusprechen, die keinen Zugang zu legalen Drogen haben, etwa Kinder. Die von den beiden Autoren in diesem Zusammenhang kolportierten Schauergeschichten gehören allerdings in den Bereich der Drogen- und Mafiamythologie: Daß etwa Kindern Abziehbilder in die Hände gespielt werden, „mit denen die Drogen über Zunge und Haut vom Körper absorbiert werden" und „auch mit Drogen getränkte Bonbons und Kaugummis … schon eingesetzt (wurden), um Kinder gezielt in die Drogenabhängigkeit zu führen" (Frey/Roth 1992, 380), hat mit der Realität des Drogenmarkts wenig, mit verbreiteten Angstphantasien dafür umso mehr zu tun.

Auch die These, „der Markt würde mit absoluter Sicherheit sofort mit bislang nicht freigegebenen Drogen überschwemmt werden, um die Einkommensverluste auszugleichen" (ebd.), ist spekulativ und blendet die Bedeutung und Geschichte bestimmter Drogen für Subkulturen und Lebensstile aus. Nicht weniger wahrscheinlich ist die Annahme, daß der Handel mit nicht gesetzlich geregelten/kontrollierten Drogen nur ein Randphänomen organisierter Kriminalität bilden wird. Solche Szenarien heranzuziehen, um das Festhalten an der Prohibition zu rechtfertigen, ist ebenso hilflos wie umgekehrt die Hoffnung, mit einer Legalisierung der Mafia den Garaus machen zu können. Die Perspektive, die Roth/Frey entwickeln, ist denn auch nur Ausbau des Altbekannten: „Notwendig ist daher ein liberaler und humaner Umgang mit den Drogenabhängigen. Gleichzeitig jedoch müssen die Drogenhändler mit aller Konsequenz strafrechtlich verfolgt, muß der illegale Import ausgemerzt werden" (ebd., 381). Des weiteren fordern sie die „Lösung gesellschaftlicher Mißstände und sozialer Ungerechtigkeiten", statt durch Legalisierung die Probleme zu verdrängen. Dabei malen sie das Schreckgespenst an die Wand, das schon durch die Methadondiskussion geisterte: Aldous Huxleys „Brave New World", in der man der unzufriedenen Bevölkerung solange Drogen gibt, bis sie seine Unzufriedenheit nicht mehr spürt. Vorausgesetzt ist dabei stets eine unmündige Bevölkerung, die sich Drogen verabreichen läßt, statt sie ihren Bedürfnissen entsprechend selbst auszuwählen und zu konsumieren oder eben auch nicht. Die Vision einer chemischen Ruhigstellung der gesamten Bevölkerung, das „Opium fürs Volk" in einem ganz und gar nicht mehr metaphorischen Sinne, belebt alte Befürchtungen: Schon in der alten Arbeiterbewegung geißelte man den Alkohol als besonders abgefeimtes Befriedigungsmittel des Klassenfeinds und predigte Abstinenz als Katalysator der sozialen Revolution.

Wie viele andere versuchen auch Roth/Frey, die Legalisierungsdiskussion mit dem Verweis auf die zunächst notwendige Suche nach den Ursachen der Drogensucht zu vertagen: „Vielleicht sollten sie (die politischen Entscheidungsträger, d. V.) erst einmal darüber ernsthaft nachdenken, bevor sie bedenken- und widerspruchslos von Drogenfreigabe reden und eine Kultur ermöglichen, die in der Tat der Horrorvision einer Brave new world entspricht" (ebd., 382). Angesichts einer drogenpolitischen Gewaltspirale, die für die Konsumenten enormen Repressionsdruck mit Verelendungs- und Todesfolgen gebracht und bei der Bekämpfung des Drogenhandels zu einer massiven Militarisierung geführt hat, drohen vermutlich nicht „kolumbianische", wie Roth/Frey vermuten, sondern zunächst US-amerikanische Verhältnisse, wenn eine drogenpolitische Wende, die sich an den Interessen der Betroffenen ausrichtet, weiter vertagt wird. Auch in der Bundesrepublik sind jedoch – und das nicht erst seit dem „Nationalen Drogenbekämpfungsplan" – gesundheitspolitische Überlegungen dem symbolisch hochbesetzten Feld der inneren Sicherheit geopfert worden. Mit einer „law and order"-Politik und entsprechender Aufrüstung des staatlichen Gewaltapparats, begleitet von Ausgrenzungskampagnen gegenüber „dem kurdischen PKK-Heroindealer", „dem schwarzafrikanischen Kokain-Dealer" lassen sich insbesondere in Zeiten tiefer Rezession mehr Wählerstimmen gewinnen als mit Initiativen zur Entkriminalisierung des Drogenkonsums.

Als Beispiel einer maximalistischen und offensichtlich interessengeleiteten Position gegen eine Legalisierung muß das Statement des „Berufsverbandes Deutscher Psychologen" (1992) verstanden werden: „Die Forderung nach Drogenfreigabe ist für die Psychologen ein Ausdruck des Zeitgeistes möglichst uneingeschränkter Freizügigkeit, dem aber eine falsche Vorstellung von Humanität und Freiheit zugrunde liege. Statt Drogen jedem frei zugänglich zu machen, gehe es aus psychologischer Sicht darum, vor allem Kindern und Heranwachsenden die Fähigkeit zu vermitteln, frei von Drogen ein erfülltes Leben zu führen." Der Psychologenverband spricht sich im Rahmen einer Entkriminalisierung der Gebraucher dann auch noch für das Hilfeprinzip „Therapie statt Strafe" aus. Nicht genug damit, daß man sich offenbar nicht vorstellen kann, ein erfülltes Leben trotz oder gerade aufgrund des Drogenkonsums zu führen, man möchte am Prinzip „Straftherapie" festhalten, sichert es dem Stand der Psychologen (und nicht nur diesem …) seine Klientel. Auch hier die verkürzte Sicht: Entkriminalisierung ja, Freigabe nein.

Charakteristisch ist die Argumentationsweise der Psychologen gegen eine Freigabe: „So wenig der Gewalt Einhalt geboten werden könne, indem man den Zugriff zu Waffen erleichtert, so wenig komme man der Drogensucht mit Drogenfreigabe bei. Nach Auffassung des BDP müssen sich diejenigen, welche für die Freigabe plädieren, fragen lassen, wer denn dafür garantiert, daß der Flugpilot, der Busfahrer, der Politiker oder wer immer Verantwortung für andere trägt, mit freigegebenen Drogen angemessen umgeht?" Drogen sind in dieser Sichtweise, die stellvertretend für viele andere steht, vornehmlich Fremdgefährdungspotentiale (der Waffenvergleich ist nicht zufällig gewählt), statt Mittel, die individuell aus Genuß- oder anderen Gründen konsumiert werden. Aber wer hat behauptet, mit der Drogenfreigabe „komme man der Drogensucht bei"? Diese negativistische, problemfixierte Perspektive offenbart zudem eine Doppelmoral – wird doch auf den Konsum legaler Drogen bei „Politikern, Busfahrern und Piloten" nicht eingegangen. Darüber hinaus ist sie tendenziell entmündigend, spricht sie doch der Gesellschaft und den Bürgern jegliche Selbstregulierungspotentiale und die Schaffung wirksamer Kontrollmechanismen ab, die im übrigen bei Nikotin, Cannabis und Alkohol ja bereits weit entwickelt sind. Es geht also nicht in einem „drogenpolitischen Fundamentalismus" (Amendt) um eine Lösung des Drogenproblems, sondern allein um eine an den Bedürfnissen der Konsumenten orientierte, gesellschaftliche Interessen berücksichtigende Kontrolle und Transparenz des Umgangs mit Drogen.

Kritik an Drogenkontrollmodellen ohne Strafrecht wird in einer „fortschrittlichen" Perspektive auch mit dem Argument geübt, vor allem Jugendliche würden bei legalem Zugang erheblichen Gefahren ausgesetzt, weil ihre altersgemäße Neugier, Experimentier-, Probierfreudigkeit sich dann auf die gesamte Palette zuvor illegaler Drogen konzentrieren, oder – schlimmer – sich zwecks Profilierung, Provokation oder konspirativem Protest auf andere, weiterhin verbotene Verhaltensformen oder Substanzen richten würde. Sicher ist die Wahl einer Droge – verboten oder erlaubt – vor allem für Jugendliche alles andere als zufällig: Für die Wahl verbotener Drogen gilt, daß gerade die Illegalität des Konsums bewußt gesucht und dieser ebenso wie andere verbotene Handlungen mit Bedeutung aufgeladen wird. Illegale Drogen mit ihren „anderen Räuschen" sind Symbolträger für Distanzierung von der routinebestimmten, langweiligen Erwachsenenwelt, Protestmedien und Profilierungsmittel. Der Konsum illegaler Drogen ist immer noch einer der wirksamsten Schocks, die Jugendliche und Heranwachsende ihren Eltern und ihrem sozialen Umwelt versetzen können.

Diese subjektive oder auch subkulturell verschlüsselte Codierung illegalen Drogengebrauchs ist vor allem deshalb möglich, weil die illegalen Drogen in dieser Gesellschaft dämonisiert, weil gegen sie moderne und äußerst wirksame Formen des Tabus mobilisiert werden. Drogen sind dankbare Projektionsflächen für die weitverbreitete und gepflegte Mischung aus Faszination und Angst. Würde man bei legalem Zugang auf die pharmakologische Wirkung zurückgeworfen, fände eine „Entzauberung" des Drogengebrauchs statt. Um dann spektakulär und provokativ zu leben, würden Jugendliche möglicherweise andere extreme Verhaltensweisen wählen, um sich von der Elterngeneration abzugrenzen. Ob diese Lebensstil- oder Protestsuche noch gefährlicher ausfallen wird – wie das U-Bahn-Surfen –, ist nicht vorauszusagen. In einer Legalisierungsdiskussion sind Spekulationen dieser Art jedenfalls fehl am Platze. Es wäre schon eine abenteuerlichen Konstruktion und allerdings zuviel der Pädagogik, hielte man die Kriminalisierung eines allenfalls selbstschädigenden Verhaltens aufrecht, damit Jugendliche ihre Protestwünsche ausleben können – und zu welchem Preis!. Denn der anfangs gemeinte Sinn eines illegalen Drogengebrauchs kann unter Prohibitionsbedingungen schnell in unerwünschte Effekte münden, die vom Jugendlichen nicht mehr zu steuern sind, ihn aber in ganz anderer Weise als gewünscht sozial stigmatisieren.

Vielleicht spielen auch die Pluralisierung von Lebenslagen in diesem Prozeß der „Suche nach Gegenwart", wie Gerdes/v.Wolffersdorff-Ehlert (1974) die Bedeutung des Drogengebrauchs schon früh definierten, eine wichtige Rolle. Im Prozeß der Individualisierung werden verschiedene Modelle der Lebensführung und damit subjektiv und subkulturell differente Bedeutungsgebungen schon im Spektrum legaler Möglichkeiten verfügbar. Wahrscheinlich werden aber auch andere verbotene Handlungen mit neuem oder altem Sinn gefüllt, um sie als Folie für Anderssein und erfüllte Gegenwart zu besetzen. Duerr (1993) hält es für wahrscheinlich, daß der gesellschaftlich weit um sich greifende Prozeß der Enttabuisierung, der größere Verhaltensfreiheiten, aber auch deren marktförmige Erschließung und Ausbeutung mit entsprechendem Konsumdruck zur Folge hat, in eine Art asketische Gegenoffensive mündet: „Sogar obsessive Lustgewinnler könnten eines Tages einsehen, daß sie nur durch Beschränkung an ihr Ziel kommen. Vielleicht werden deshalb die Hedonisten der Zukunft die schärfsten Verfechter der Prüderie sein."

III. Integrative Drogenpolitik

1. VORBEMERKUNGEN

Der Gebrauch psychoaktiver Substanzen ist stets ambivalent und anzusiedeln im Spannungsfeld von Lust und Leid, Hedonismus und Krankheit, Bereicherung und Beschneidung. Drogenkonsum wird von vielen Menschen als Bereicherung oder auch als funktionaler und integraler Bestandteil ihres Lebens betrachtet: Genuß, Entspannung, Anregung, Leistungssteigerung, Stimmungs- und Bewußtseinsveränderung, kommunikative, sensuelle Veränderung, Lösung von alltäglichen Zwängen. Dabei kann jeder dieser intendierten Effekte bei Dauergebrauch oder Gebrauch zu hoher Dosen in ihr Gegenteil verkehrt werden: Gewohnheit, Betäubung, Leistungsabfall, Schaffung alltäglicher Zwänge, Einschränkung der Kommunikation, Abstumpfung.

Es ist wichtig, stets diese Ambivalenz des Drogenkonsums im Auge zu behalten. Krankheit und Leid als Folgen vor allem eines illegalisierten Drogengebrauchs sind ungewollte Effekte; Lust, Genuß und bessere Alltagsbewältigung hingegen die intendierten Effekte der Verbraucher. In der Drogendiskussion und -politik herrscht jedoch die Tendenz vor, allein auf das Negative, die (vermeintlichen) Defizite auffällig gewordener KonsumentInnen zu schauen und von diesen mechanisch auf die Gesamtheit der Verbraucher zu schließen. Diese Defizitorientierung blendet subjektive Interessen und Bedürfnisse der Drogengebraucher systematisch aus und wirkt mit ihrer begrenzten Realitätswahrnehmung unglaubwürdig und paternalistisch. Drogengebrauch muß als selbstbestimmter Akt menschlichen Handelns mit primärer Genußorientierung betrachtet werden, wie es bei Nikotin, Koffein und weitgehend auch bei Alkohol selbstverständlich geschieht.

Ausgrenzung, Isolation und Zwangsmaßnahmen verstärken und produzieren individuelle und letztlich auch gesellschaftliche Probleme mit Drogen und Drogenkonsumenten. Vor allem die Folgen der Strafverfolgung sind entscheidend für die Bedingungen des Drogengebrauchs. Weber/Schneider (1992) haben gezeigt, daß Illegalität und

Kriminalität nicht nur Ausstiegsprozesse aus der Drogenabhängigkeit, sondern oftmals auch eine selbstbestimmte und situationsgerechte Selbststeuerung behindern. Daher muß der Schaffung einer Sonderwirklichkeit in Drogenhilfe, -prävention und -kontrolle entgegengewirkt werden. Die Integration heute noch illegaler Drogen in bestehende Kontrollmodelle bewirkt längerfristig einen Abbau stigmatisierender und kontraproduktiver Effekte. Die Existenz eines Strafrechts-Sondergesetzes (BtMG) für einen kleinen Teil von Drogen produziert und reproduziert ständig neue Sonderwirklichkeiten; nur eine Abschaffung dieses Gesetzes verspricht Aussicht darauf, die stigmatisierende Ausnahmebehandlung zu beenden.

„Normalisierung als Integration bedeutet aber darüber hinaus auch, den Drogenabhängigen die erforderlichen Ressourcen zu verschaffen, die ihnen ein menschenwürdiges Leben und die Option des Ausstiegs aus der Drogenszene sichern. Die Verbesserung der Rechtsposition ist zwar eine notwendige, aber noch keineswegs hinreichende Bedingung für die Normalisierung des Drogenthemas. Will man die immensen Schwierigkeiten, denen die Drogenabhängigen in ihrer Mehrheit ausgesetzt sind, einer Lösung zuführen, dann muß man den Süchtigen und Ex-Süchtigen die materiellen und sozialen Chancen zum selbsttätigen Aufbau tragfähiger Netze und Perspektiven bereitstellen, über die gesellschaftliche Integration möglich wird. Für die Politik heißt dies zunächst einmal, daß wir in einem breiten Spektrum Selbstorganisation und Selbsthilfe zulassen und ermöglichen müssen, statt diese durch allzu hohe Professionalisierungs- und anderweitige Erwartungsüberfrachtungen zu demotivieren." (Bossong 1990, 12).

In materieller Hinsicht heißt dies statt „separierender Beschäftigungsfelder" Integration Drogenabhängiger in den normalen Arbeitsmarkt (ebd.). Die Substitutionsbehandlung hat dies exemplarisch deutlich gemacht: Was nach der gesundheitlichen Besserung und der Rückgewinnung sozialer Bezüge notwendig ist und doch überall fehlt, ist die Sicherung einer menschenwürdigen Existenz: neben Wohnungen vor allem Arbeit, Beschäftigung, Qualifikation. Auch dies vollzieht sich mehr und mehr als Sondermaßnahme in Formen „Betreuten Wohnens".

Drogenpolitik muß sich jenseits moralischer, unrealistischer und unglaubwürdiger Abstinenzforderungen darauf konzentrieren, den Drogengebrauch grundsätzlich zu akzeptieren, und durch Produkt- und Abgabekontrollen und Aufklärung dazu beitragen, daß die individuellen gesundheitlichen und die potentiellen Schäden für die Gesellschaft so gering wie möglich gehalten werden können. Nur wo eine Schädigung Dritter (z.B. Straßenverkehr) oder Gefährdung von Kindern und Jugendlichen vorliegt, ist nach wie vor staatliches Handeln gefordert.

Differentielle Restriktionen in vorgegebenen Kontrollmodellen, die den Zugang zu Drogen sehr unterschiedlich begrenzen, sollen sachgerecht, rational nachvollziehbar sein. Auch eine Verbannung vom freien Zugang kann für bestimmte Drogen angezeigt sein – vor allem in der Übergangsphase.

Prävention, genauer: Suchtprävention, kann dazu beitragen, die Ambivalenz des Konsums deutlich zu machen, d.h. auf die Gefahren bestimmter Formen des Drogengebrauchs hinzuweisen, ohne die positiven Aspekte zu verleugnen, was immer mit einem Glaubwürdigkeitsverlust verbunden wäre. Im Gegenteil: das Wissen über die positiven Drogenpotentiale sollte verbreitet zugänglich gemacht werden.

Drogenhilfe schließlich kann innerhalb dieser Ambivalenz für diejenigen, die Schwierigkeiten mit ihrem Drogenkonsum bekommen, problemorientierte, bedürfnisgerechte Hilfen zur Verfügung stellen, die zunächst das Überleben, dann die Schadensminimierung in einem akzeptierenden Kontext zum Ziel haben und dazu beitragen, sein Leben mit Hilfe eigener und Inanspruchnahme lebensnaher Ressourcen zu gestalten.

Langfristiges Ziel muß eine „ganzheitliche Drogenpolitik" (vgl. Kreuzer 1989, 48; Pilgram 1980, 507 ff.) sein, die Regelungen für den Zugang zu allen Drogen und Behandlungsmöglichkeiten für diejenigen schafft, die ihren Drogenkonsum als problematisch erleben oder deren Konsum Dritte schädigt oder wesentlich in Mitleidenschaft zieht.

Wie weit allerdings die gegenwärtige Drogenpolitik von solchen Vorstellungen entfernt ist und der prohibitiven Doppelmoral folgt, zeigt die „Konzeption der Bundesländer zur Bekämpfung der weiteren Verbreitung von Drogen, Drogensucht und Drogenkriminalität sowie zur Verstärkung der Hilfen für Drogensüchtige". Diese erklärt zum Ziel der Suchtvorbeugung: „totale Abstinenz im Hinblick auf illegale Drogen, selbstkontrollierte(n) Umgang mit legalen Suchtmitteln" (z.B. Alkohol und Tabakerzeugnisse) mit dem Ziel weitgehender Abstinenz, „bestimmungsgemäße(n) Gebrauch von Medikamenten". Ziel integrativer Drogenpolitik muß es sein, grundsätzlich gleiches auch gleich zu behandeln, also vorhandene Kontrollmodelle mit feiner zu differenzierenden Regulationsinstrumentarien für eine effektive Kontrolle zu nutzen.

2. ALTERNATIVE DROGENKONTROLLMODELLE – OHNE STRAFRECHT

„Ich begrüße alles, was uns langfristig vom Drogenstrafrecht wegführt, egal ob Ersatzdrogen-Behandlungen oder Heroin-Projekte" (H.C. Schaefer, Generalstaatsanwalt Frankfurt/M., Spiegel 11/93, 91))

Drogenkontrollmodelle ohne Strafrecht gehen von den Interessen und Bedürfnissen der Gebraucher statt von abstrakten staatlichen Verhaltensansprüchen aus. Verbraucherinformationen, Kontrollen der Produktion und Distribution, der Schutz der Gesellschaft vor unmittelbar drogeninduzierten Schäden stehen daher im Mittelpunkt der im folgenden vorgestellten Modelle informeller und formeller Kontrolle. Vorangestellt ist ein Überblick über Begriffe, die in der Diskussion über Alternativen zur herrschenden Drogenpolitik häufig wiederkehren.

2.1 Begriffe

Daß eine Kontrolle psychotroper Substanzen grundsätzlich nötig ist, kann als gesellschaftlicher Minimalkonsens vorausgesetzt werden. Die strafrechtlich-orientierte, selektive Prohibition hat es jedoch nicht vermocht, Produktion, Verkehr und Handel von Drogen wie auch die Qualität der konsumierten Substanzen wirksam zu kontrollieren. Sie überläßt alles der Anarchie des Schwarzmarkts, dessen Existenz und Gewinne sie garantiert. Prohibition bewirkt das Gegenteil von Regulation und Kontrolle: Deregulation.

Es kommt also darauf an, wirksame, gesellschaftlich erprobte, legitimierbare und bereits akzeptierte Kontrollmodelle auf Möglichkeiten einer Integration der unter das Betäubungsmittelgesetz subsumierten Substanzen zu prüfen.

Unter *Legalisierung* wird der strafrechtlich nicht verwehrte, legale Zugang zu Drogen verstanden. Dieser ist allerdings nur denkbar innerhalb eines Kontrollmodells, in dem Regelungen u.a. über Abgabe-

Verkaufsbeschränkungen (Mengen, Zielgruppe), Qualitätssicherung u.ä. festgelegt werden. *Freigabe* meint lediglich eine populäre, abgekürzte Fassung dieser Kontrollalternative; sie umfaßt – präzisiert – immer auch ein Kontrollkonzept. Einige Autoren unterscheiden zwischen Totallegalisierung (vgl. das „Genußmittelmodell" von Schmidt-Semisch 1992) und Partiallegalisierung, in der nur bestimmte Drogen legalisiert werden (etwa durch ärztliche Verschreibung).

Entkriminalisierung oder *Dekriminalisierung* bedeutet die Zurücknahme des Strafrechts aus bestimmten bisher unter Strafe stehenden Verhaltensbereichen oder die Herausnahme von Drogen aus dem Index verbotener Substanzen; sie bezieht sich also stets auf eine Handlung, die vom Strafanspruch des Staates befreit werden soll.

Depönalisierung beinhaltet strafrechts-implizite Veränderungen: Absehen von Strafe, Herabstufung von Strafhöhe, die Einengung des sachlichen oder personellen Geltungsbereichs von Strafnormen oder die verstärkte Nutzung von Opportunitätserwägungen in der Justizpraxis.

Unter dem Begriff *Liberalisierung* wird in einem allgemeinen Sinne eine Lockerung der prohibitiven Gesetzgebung verstanden, die sowohl Elemente der Entkriminalisierung als auch der Depönalisierung beinhalten kann.

Die Forderungen nach *Deeskalation, Normalisierung* und einer *rationalen Drogenpolitik* zielen darauf, Sonderwirklichkeiten und Irrationalität im Umgang mit Konsumenten illegaler Drogen abzubauen. Für Cohen (1992, 50) besitzt „Normalisierung" mehr als nur eine strafrechtliche Dimension: Er begreift sie als einen Prozeß, an dessen Ende ein Verhalten offiziell toleriert wird, das vom Gesetzgeber oder der Mainstream-Kultur zuvor als pathologisch, kriminell oder in anderer Hinsicht abweichend sanktioniert wurde.

2.2 „Kulturelle Kontrolle" und der Prozeß der Enkulturation von Drogen

Die Legalisierung heute verbotener Drogen erscheint deshalb so bedrohlich, weil damit oftmals lediglich ein Rückzug des Strafrechts zugunsten des „freien Spiels der Kräfte" auf dem kapitalistischen Weltmarkt assoziiert wird. Zudem, so Kritiker einer nicht-prohibiten Drogenpolitik wie der Präsident des Bundeskriminalamts

Zachert, würde die Freigabe „in fataler Weise eine Ungefährlichkeit des Konsums suggerieren" (Deutsche Polizei-NW 6/93, 2). Auch diese Argumentation verzichtet völlig auf rational nachvollziehbare Gegensteuerungen im Präventions- beziehungsweise allgemeinen Gesundheitsförderungsbereich und ignoriert auf hartnäckige Weise Erfahrungen in den Niederlanden. Ganz übersehen werden vielfach die Kontroll- und Selbstregulationskompetenzen der Drogengebraucher selbst.

Für Marzahn (1983) bildet die „Drogenkultur" das gesellschaftlich am weitesten verbreitete „Kontrollmodell". Es liegt quer zu den beiden, das Drogenverhalten grundlegend beeinflussenden, Imperativen – Konsumgebot des Marktes und Konsumverbot der Prohibition. Beide Imperative sind problematisch; die Prohibition mit ihrem Konsumverbot muß sogar als gescheitert betrachtet werden. Allerdings sind diese Imperative sehr widersprüchlich miteinander verwoben: Der Markt kennt Beschränkungen, Verbote für einige (Jugendliche), die Prohibition produziert Profiteure, die teilweise offen und aggressiv auf den Schwarzmarkt auftreten. Drogenkultur hingegen bezeichnet den Prozeß des gemeinen, autonomen und kundigen Umgehen-Könnens mit Drogen:

> „Gemein ist dieser Umgang, weil Drogenkultur ihrem Wesen nach nicht solipsistisch ist, sondern ein soziales Ereignis, das alle Beteiligten angeht und von allen ausgeht und bei welchem der Einzelne fest eingebettet ist in eine vertraute und verläßliche Gemeinschaft. Autonom ist dieser Umgang, weil er weder durch Verbot noch durch Anheimfallen fremdbestimmt erfolgt, sondern sich nach erfahrungsgeleiteten, selbstgesetzten Regeln richtet. Kundig ist dieser Umgang, weil er auf einem Wissen um die Lust und Last der Drogen beruht". (Marzahn 1983, 129)

Drogenkultur besteht also aus mehreren Elementen und wird in vielfachen sozialen Zusammenhängen hergestellt, übermittelt und verändert. Den Begriff „Kultur" verwendet Marzahn in diesem Zusammenhang, „weil es sich um ein behutsames, sorgsam pflegendes Verhältnis zu etwas Elementarem und Wagnishaftem handelt" (ebd., 115). In Bezug auf legale Substanzen ist die Einbettung des Konsums in spezifische Drogenkulturen selbstverständlich: Wir halten uns an bestimmte Regeln eines erwünschten oder geduldeten, verpönten Drogengebrauchs und geben solche Regeln weiter. Wir kennen Mischintoxikationen („Bier auf Wein, das lass' sein …") und die

Abhängigkeiten der Drogenwirkung von unserer körperlichen Verfassung und unserer Ernährung.

Scheerer/Vogt (1989, 8 f.) unterscheiden zwei Formen des Drogengebrauchs und -rauschs: den alltagstranszendierenden Gebrauch als „grenzüberschreitende" Erfahrung und den alltagsakzessorischen Drogenkonsum zur (besseren) Bewältigung des Alltags. Beide Formen besitzen Regeln, für die Art und Weise des Übergangs und der Rückkehr ebenso wie für den gesellschaftlich erwünschten und angemessenen Drogengebrauch im Alltag. Selbst der abhängige Dauergebrauch von Drogen im Alltag ist folglich nicht unbedingt regellos und fremdbestimmt. Auch dort existiert ein Problembewußtsein, gibt es Lösungsversuche und Kontrollmechanismen beispielsweise gegen eine weitere Steigerung der konsumierten Dosis. Cohen führt aus, daß für abhängige Gebraucher sich im Extremfall die individuellen und sozialen Funktionen, die der Drogengebrauch erfüllt, auf eine einzige – betäubt zu sein – reduziert haben.

Eine abhängigkeitsfreie Welt zu fordern, wäre unrealistisch. Während für Probleme mit anderen Abhängigkeiten jedoch „normale" gesellschaftliche Lösungsangebote bereitstehen – Nichtraucher-Kurse bei der AOK, psychologische Beratung bei Eifersucht –, werden für Konsumenten illegaler Drogen Sonderdienste etabliert, die Behandlung wird in die Strafvollstreckung integriert und (meist vergeblich) versucht, Abstinenz von diesen Drogen mittels Staatstherapie zu erzwingen.

Der Gebrauch von Drogen, ob legal oder illegal, ist ein sozialer Akt (vgl. Becker 1981), in dem Kenntnisse, profundes Wissen über Pharmakologie, Wirkung, Wirkungen von Mehrfachgebrauch, Toxizität, Kenntnisse über Schadensverhütung, sicheren, risikoarmen Genuß erworben und weitergegeben werden. Es existieren sogar „manuals", die für den Konsum bestimmter Drogen relevante Kompetenzen in Handbuchform vermitteln: die „Kleine Anleitung zum Gebrauch von halluzinogenen Drogen" (Olvedi 1972), „Safer Use – Weniger Risiko beim Spritzen" (JES 1990), das „Haschischkochbuch" (Grüner Zweig), „The Cool User" (Release Information 1972, 85), „MDMA" – XTC – ‚Ekstasy'" (Böllinger/Stöver 1992, 370 ff.). Von größerer Bedeutung ist jedoch die subkulturelle Drogensozialisation. Weil sich diese oft im Konspirativen und in voneinander unabhängigen Teilkulturen abspielt, bleibt das Wissen mitunter unvollständig, deformiert oder ist gar nicht zugänglich. Schmidt-Semisch (1992, 65 f.) weist auf die prohibitionsbedingte Störung und Störanfälligkeit der Kommunikation unter den Gebrauchern hin:

„Gleichzeitig wird aber durch die Prohibition die Kommunikation unter den Gebrauchern, die Entwicklung und Weitergabe von kontrollierenden Regeln, die Entstehung von geselligen Gebraucher-Gemeinschaften etc. verhindert. Gerade auch Neueinsteigern fehlt häufig der Kontakt zu einer Gruppe kontrollierter Gebraucher, in der sie einen gemäßigten Konsum erlernen können. Der Lernprozeß findet vielmehr im Rahmen der herrschenden prohibitionistischen Situation statt, also innerhalb einer Szene, die aufgrund der Illegalität und des Beschaffungsdrucks vom Mißtrauen aller Beteiligten geprägt ist. Unter solchen Bedingungen steigt das Risiko des Mißlingens dieses Lernprozesses. Eine Gruppe wird sich gegenüber Neuen abschotten, denn schließlich ist die Gefahr, an einen V-Mann der Strafverfolgungsbehörden zu geraten, nicht gering. Das Erlernen eines kontrollierten Kontrollmusters ist daher mehr oder weniger dem Zufall überlassen und der Anfänger hat meist nur die Wahl zwischen Abstinenz oder Fixer-Szene, d.h. exzessiven Konsummustern.“

Bereits in der Prohibition verfügen drogengebrauchende Teilkulturen in unserer Gesellschaft über Regeln, Normen und Werte für einen adäquaten Konsum illegaler Drogen: Wann ist er wie nützlich, befriedigend und sicher; wann sollte er besser vermieden oder ganz aufgegeben werden? Dieser kulturelle Kontrollprozeß wird allerdings prohibitionsbedingt gebremst und deformiert und stört bei der selbstbestimmten Steuerung des Drogengebrauchs (Weber/Schneider 1992). Dieses kulturelle Regulativ mit seinen informellen Sanktionssystemen, die in der Lebenswelt der Konsumenten verankert sind, basiert gerade auf den Prinzipien von Selbstbestimmung und Einübung von Kompetenz der Drogengebraucher. Ein Prozeß der „Normalisierung“, der tendenziell das nachholt, was gegenüber legalen Drogen längst selbstverständlich ist.

Cohen (1992, 45 f.) hat als Beispiel einer Normalisierung den von ihm untersuchten unauffälligen, fast ignorierten Kokainkonsum in Amsterdam mit seinen entwickelten Modellen der Selbstkontrolle und Mechanismen der Selbstregulation vorgestellt. Eine solche Normalisierung hat seiner Auffassung nach fünf Vorteile:

(1) Die positiven Wirkungen der Droge werden nicht idealisiert, die Nachteile werden nicht übertrieben und können viel leichter festgestellt werden.

(2) Je mehr Drogenkonsum sozial toleriert und nicht verheimlicht wird, desto größere Chancen haben Drogenkonsumenten oder potentielle Drogenkonsumenten von den Erfahrungen anderer zu hören und zu lernen.

(3) Die Drogenkonsumenten selbst oder andere können bei drogenbezogenen Problemen früher oder überhaupt eingreifen.

(4) Die Beendigung des Drogenkonsums fällt umso leichter, je normaler Drogenkonsum ist und der mögliche Druck der „peer-group" zum Drogengebrauch an Einfluß verliert oder sich gar nicht erst entwickeln kann.

(5) Drogenkonsum unter normalen Bedingungen unterliegt den gleichen alltäglichen Verhaltensregeln und nicht Sondernormen, die mit der Zugehörigkeit zu einer gesellschaftlich abweichenden Gruppe verbunden sind.

Durch diese Normalisierung ergeben sich auch für die Gesellschaft positive Effekte: Wegfall einer großen Gruppe Vorbestrafter, Reduktion der oftmals mit Drogenhandel verbundenen Gewalt, die Entwicklung von Regelmodellen für einen sicheren und befriedigenden Drogenkonsum von sozial integrierten Personen, welche die allgemeinen Vorstellungen von gesellschaftlich wünschenswertem Verhalten teilen.

Zur Normalisierung gehört auch der Prozeß der Entdämonisierung von Drogen, ihren Konsumenten und die Reduktion der Ängste gegenüber Abhängigkeiten. Mit dem Coming-out vieler DrogengebraucherInnen wird Drogengebrauch nachvollziehbarer und verliert das Exotische. Der Dämon Droge wird gezähmt. Gleichzeitig werden konventionelle und fast selbstverständliche Gleichsetzungen von Drogengebrauch und Sucht durchbrochen: „Ich halte diese Angst vor der Abhängigkeit für eines der destruktivsten Vorurteile auf dem Gebiet des Drogenkonsums. Es verurteilt Konsumenten und ihre Umgebung zur vollkommenen Machtlosigkeit und macht das Behandlungspersonal zu modernen Exorzisten" (Cohen 1992, 55 f.).

Mit dem Begriff der „Enkulturation" wird der Prozeß der Verbreitung und Integration fremder Kulturelemente beschrieben. In Bezug auf Drogen heißt dies etwa, daß seit den 60er Jahren Cannabis Eingang in unsere Gesellschaft gefunden hat: Die Zahl der KonsumentInnen wird gegenwärtig auf drei bis vier Millionen Menschen in Deutschland geschätzt. Gebrauch umfaßt dabei auch die Entwicklung und Weitergabe von Wissen bezüglich Anwendung, Risiken, Nebenwirkungen, Konsumtechniken und Preis.

Mit Verweis auf den von Beck (1986) und Habermas (1981) diagnostizierten Prozeß gesellschaftlicher „Individualisierung" und „Enttraditionalisierung" zeigen Bauer/Bossong (1992, 86), daß durch die Pluralisierung von Lebenslagen und Individualisierung von Lebensführungen gerade für Jugendliche eine höchst ambivalente Situation entsteht. Der zunehmende Verlust an traditionellen Orientierungen und vorgegebenen Werten und Normen zwingt einerseits zunehmend zu individuellen Entscheidungen über den eigenen Lebensentwurf. Als Sozialisationsinstanz verlagert sich die Suche nach Status, Prestige und Identität immer stärker auf peer-groups. Diese Ausdifferenzierung gilt auch für die Drogenkulturen: So gibt es keine homogene Alkohol-Kultur mehr, sondern eine vielgestaltige Pluralität von Teilkulturen mit unterschiedlichen Lebensstilen, Lebensstilattributen und Konsummustern.

Die „neue Unübersichtlichkeit" kann allerdings zur Last werden: Die Offenheit von Lebenssituationen erschwert die Orientierung und birgt Risiken in sich. Diese Situation trifft für Jugendliche wahrscheinlich stärker zu als für Erwachsene. Risiken bestehen auch beim Gebrauch psychotroper Substanzen – ob legal oder illegal. Doch steht die Gesellschaft diesen Risiken nicht gleichgültig gegenüber: das Gesundheitsbewußtsein ist gewachsen, der Gebrauch bestimmter Drogen verpönt (etwa Tabak in bestimmten öffentlichen Bereichen) – letztlich kann die Gesellschaft dem wachsenden „Risikopotential" insgesamt nur mit Strategien der Akzeptanz und Schadensminimierung entgegenwirken. So ist trotz positiver Besetzung, gesellschaftlicher Akzeptanz und Förderung legaler Drogen (insbesondere von Alkohol), die Zahl jugendlicher Alkohol-, Medikamenten- und Tabakkonsumenten zurückgegangen (BMJFFG 1990, 67 ff.). Auch der Gebrauch illegaler Drogen hat sich bei Jugendlichen nicht deutlich verändert. Dies zeigt, daß auch Drogengebrauch durch Aufklärung, Imageveränderung beeinflußbar ist. Drogenkontrolle kann auf paternalistische Gängelung und als willkürlich erlebte Strafrechtsnormen ohne Schaden verzichten. Drogengebrauch ist nicht als Einzelhandlung begreifbar, sondern nur im Rahmen von peer-groups und kulturellen Regeln. Wenn beim

Drogengebrauch wachsende Riskobereitschaft festzustellen ist, dann sollte über die Selbstgefährdungspotentiale realistisch informiert werden. Ein solcher Dialog mit den Subkulturen ist fruchtbarer als repressive Gesetze, die den Konsum illegalisierter Drogen nicht verhindern können, sondern im Gegenteil seine Risiken steigern (Scheerer/Vogt 1989, 19).

Daß die positiven Resultate einer Enkulturation von Drogen bisher häufig übersehen wurden, hängt mit einem Objekt-Denken gegenüber den Konsumenten illegaler Drogen zusammen, deren subjektiv kontrollierende und gestaltende Kräfte systematisch zugunsten des beratungs- und behandlungsbedürftigen Kranken und Opfers mit wenig Eigenverantwortung ausgeblendet wurden. Abstinenzfixierte Hilfe hat das Drogenverhalten zudem in seiner Gesamtheit unterbinden wollen, statt an positiven Potentialen und vorhandenen Kompetenzen anzusetzen. Dieser entmündigende Denk- und Behandlungsansatz gegenüber Gebrauchern illegaler Drogen ist auch als Spätfolge unseres „Gedankengefängnisses" (Quensel) zu betrachten, das die Prohibition als gleichsam naturgegeben hinnimmt. Unter der Prämisse der Notwendigkeit eines Drogenverbots können die in den Drogensubkulturen entwickelten Regeln, Werte und Normen und die (unterschiedlichen) subkulturellen und sozialen Bedeutungen des Gebrauchs bestimmter Drogen nicht in die Drogenarbeit einbezogen werden.

Diese Blockade kennzeichnete auch die traditionelle Drogenarbeit, die – abstinenzorientiert – der Kommunikation und der Kompetenz Betroffener wenig Beachtung schenkte. So machen die meisten Gebraucher im Laufe ihrer Drogenkonsumphase viele Entzüge, zur Regeneration der Venen oder um sich herunterzudosieren. Diese Betroffenenkompetenz könnte durch kundige Anleitung unterstützt und verbreitet werden (wie etwa MDHG 1987). Weitere Beispiele für Selbstregulationen wären die gelegentlichen oder kontrollierten Gebraucher: Mit Hilfe welcher Regeln und Normen schaffen sie es, den Gebrauch immer wieder vor dem Auftreten von Entzugssymptomen zu unterbrechen. Diese Gebrauchsmuster wurden erst in den letzten Jahren wahrgenommen, obwohl es sie sicher schon lange gibt. Oder die sogenannten Selbstheiler: Wie kann Drogenarbeit und Drogenpolitik diese Prozesse des selbstgewählten Ausstiegs fördern? Schließlich muß die Selbstorganisation Betroffener erwähnt werden: Wie kann der bereits stattfindende Prozeß dieser Selbstorganisation unterstützt werden? Wie kann diese Selbstorganisation in die Drogen- und AIDS-Arbeit einbezogen werden? Insbesondere in der AIDS-Prävention ist die Integration Betroffener unersetzbar.

2.3 Gesundheitsförderung und Prävention – Stützung der Selbstregulation

Die risikomindernden Kräfte der Drogenkulturen stellen eine informelle, aber effektive Hilfe in den Lebenswelten der Gebraucher dar. Als gesellschaftliches Signal und Kontrapunkt zur Anarchie und Aggressivität des freien Marktes mit seinem immanenten Expansionsdrang, seinem kaum für möglich gehaltenen kriminellen Potentialen sowie den engen Verflechtungen zwischen Pharmakonzernen und Gesundheitsadministration reichen sie jedoch keinesfalls aus. Abgesehen von formalen Kontrollen und Einschränkungen des freien Marktes (die weiter unten in Kap. III.2.4 behandelt werden), sollte eine Legalisierung des Zugangs zu Drogen begleitet werden vom Ausbau der allgemeinen Gesundheitsförderung, die ihre Aufgabe in der Entwicklung von Lebens-, Genuß- und Lernfähigkeiten sieht. Das bedeutet zunächst, sich für eine Verbesserung der allgemeinen Lebensbedingungen einzusetzen. Allgemeine Gesundheitsförderung auf einer personalen Ebene heißt aber auch Stärkung des Selbstwertgefühls sowie der allgemeinen Handlungs- und Kommunikationsfähigkeit (vgl. Abt 1991, 209). Beides kann schwerlich Ziel isolierter Kampagnen sein. Gesundheitsförderung verlangt Anstrengungen zumindest in den Bereichen Jugend, Soziales, Kultur, Arbeit und Umwelt.

Prävention im Drogenbereich als Element allgemeiner Gesundheitsförderung sollte die (potentiellen) Konsumenten nicht mit moralisierenden Botschaften belehren, sondern sie als aktive, kompetente und in vielfacher Hinsicht zu unterstützende Akteure von Gesundheitsförderung begreifen. Ihre Aufgabe läge einerseits in der Hilfe zur Vorbeugung vor subjektiv unerwünschten (Neben-)Wirkungen von Drogen (etwa unerwünschten Abhängigkeiten oder gesundheitlichen Schäden), andererseits in einer Form der Drogenberatung als Genußerziehung und Vermittlung bedürfnisadäquater Hilfen. Ebensowenig wie Gesundheit auf einen Zustand des Freiseins von Krankheit oder Gebrechen reduziert werden kann, ist Gesundheitsförderung zu verstehen als Propaganda für Abstinenz von Drogen oder anderen Risiken. Botschaften dieser Art gehen an der Erlebniswelt und am Experimentierverhalten vor allem Jugendlicher vorbei und produzieren allenfalls ein schlechtes Gewissen.

Gesundheit, verstanden als ein Prozeß relativ geglückter Auseinandersetzungen von Menschen mit ihrer Umwelt, schließt auch ein, daß gesundheitsriskante Verhaltensweisen aufgrund ihrer Funktionalität für die Akteure – über kürzere oder längere Phasen ihrer Biographie – „rational" und „normal" sein können. Angesichts immer geringerer Möglichkeiten zu selbstbestimmter Lebensgestaltung kann Drogenkonsum etwa ein Versuch sein, das verbleibende eigene Leben so intensiv und genußvoll wie möglich zu gestalten. (vgl. Hildebrandt 1992, 19). Gesundheitsriskante Verhaltensweisen können funktional sein:

> „– als Reifesymbol und Requisit der stufenweisen Verselbständigung sowie als Mittel des Zugangs zur gesellschaftlichen Öffentlichkeit;
> – als vielseitig einzusetzendes Rüstzeug zur Aufnahme und Eingliederung in die Gruppen, Cliquen und Organisationen Gleichaltriger sowie zur Stabilisierung bereits erworbener Positionen;
> – als Handhabe des Auslebens individueller Freiheitsgrade über die Reizung und mögliche „Verschwendung" körperlicher und seelischer Ressourcen (vor allem beim Alkohol);
> – und mit zunehmendem Alter auch als subjektive Entlastungs-, Kompensations- und Ersatzhandlung" (Franzkowiak 1985, 39).

Der Konsum illegalisierter Drogen besitzt darüber hinaus eine wichtige Protestfunktion. Insbesondere für Jugendliche stellt das Verbot eine „verführerische Aufforderung dar" und provoziert „die GrenzüberschreiterInnen zu einer Bagatellisierung der tatsächlich zu berücksichtigenden Konsumrisiken" (Schlömer 1993). Daß der Cannabiskonsum in den Niederlanden trotz völlig problemloser Zugangsmöglichkeiten in den 80er Jahren abgenommen hat, wird von der holländischen Regierung nicht zuletzt auf den Attraktivitätsverlust durch Einbuße des „Konspirativen" zurückgeführt. Doch in der Bundesrepublik fehlt es offenbar an Gelassenheit, Geduld und Vertrauen, um Drogengebrauch als ein in der Regel vorübergehendes Adoleszenzphänomen zu akzeptieren.

Aufgeklärte Gesundheitsförderung als Gegenentwurf zur traditionell direktiven Gesundheitserziehung setzt auf „Empowerment" oder

„Self-Empowerment", auf Unterstützung von Handlungsfähigkeit, Stärkung von Selbsthilfe- und Durchsetzungsfähigkeiten, „Bemündigung" (Bossong). „Vor diesem Hintergrund erscheint die Frage, ob Jugendliche mit Drogen experimentieren und sie in einer bestimmten Entwicklungsphase aus hedonistischen Gründen oder, um sich von der „bürgerlichen Erwachsenenwelt" abzugrenzen, konsumieren, sekundär. Den Gebrauch von Betäubungsmitteln werden wir nicht aus der Welt schaffen können und demgemäß ist die Fixierung auf Drogenabstinenz irrational und unglaubwürdig. Wichtig ist, daß Jugendliche einen verantwortlichen Umgang mit Suchtmitteln erlernen und eine selbstverantwortete Entscheidung für oder gegen Drogen schaffen können" (Bossong 1991).

Jenseits von Sonderwirklichkeiten für Drogenkonsumenten und -arbeiter gilt es „strukturelle Voraussetzungen für Eigenverantwortung" (Bossong) zu schaffen – eine Aufgabe die insbesondere der akzeptierenden Drogenarbeit zukommt (Bossong 1991). Dazu gehört neben der Legalisierung vor allem die Aufhebung von fürsorglich belagernden Sonderwirklichkeiten, „die die Diskriminierungseffekte und ungleich verteilten Chancen, denen die Drogengebraucher ausgesetzt sind, noch verfestigen" (ebd., 5). Hierzu zählen: Sonderwohnformen, Sonderausbildungsstätten, Sondercafés und andere Sonderdienste – letztlich die gesamte Trennung der Hilfeangebote in Drogenhilfe einerseits, Hilfe bei Alkohol- und anderen Genußmittelproblemen andererseits.

Praktische Ansatzpunkte für einen Dialog mit Menschen, die unter anderem auch Drogen nehmen oder möglicherweise nehmen werden, sind eine Gesundheitsbildung, die auf der Basis der harm reduction vermittelt, wie zusätzliche drogenunspezifische Schäden zu vermeiden sind, und Genußerziehung als Drogenberatung im eigentlichen Sinn. Nöcker (1990, 204) hat Genußfähigkeit in Bezug auf Drogen von mehreren Kriterien abhängig gemacht:

(1) Zeit haben/nehmen für die Entwicklung eines positiven Zustandes;
(2) Angstfreiheit als Voraussetzung für das Genießen;
(3) Erfahrungsbildung, um Vorgänge in sich und um sich herum besser unterscheiden und angemessen benennen zu können;
(4) Fokussierung und Konzentration auf den Drogenkonsum;

(5) Subjektivität des Genusses;
(6) Selbstbeschränkung als Vermeidung von Sättigung.

Man könnte einwenden, daß kulturelle Kontrolle und Gesundheitsförderung für die legalen Drogen wenig bewirkt haben. Bei freier Verfügbarkeit von Alkohol, haben etwa zwei Millionen Menschen in Deutschland starke Probleme mit Alkohol, rund 40.000 Menschen sterben pro Jahr an den Folgen des Alkoholkonsums, etwa 500.000 Menschen haben Probleme mit Medikamenten und die Zahl der Raucher ist noch immer enorm hoch. Dieser legale Drogengebrauch spielt sich allerdings in einem widersprüchlichen Zusammenhang ab: einerseits werden die Gefahren auch dieser Drogen durch staatliche Instanzen benannt (z.B. durch die Bundeszentrale für gesundheitliche Aufklärung), andererseits besteht immer noch ein hoher sozialer Druck zum Konsum dieser Drogen. Auch die Lobby der legalen Drogenwirtschaft versucht mit subtilen und oft unverantwortlichen Mitteln die Nachfrage nach Alkohol, Tabak und Medikamenten zu steigern. Wie sehr diese drogenindustriellen Interessen in die Politik reichen, zeigt der Umgang mit der 0,8-Promille Grenze für Alkohol im Straßenverkehr: Trotz bekannter hoher Schädigungen durch Alkoholkonsum im Straßenverkehr hat man nicht das DDR-Limit von 0,0 oder den Kompromiß von 0,5-Promille übernommen. Einseitige Schuldzuweisungen an die Werbung sind allerdings verfehlt, greift sie doch nur Bilder, Identitätsangebote auf, die auf ein entsprechendes Interesse in der Käuferschaft stoßen. Bei der Glorifizierung der hochpotenten und leicht zugänglichen Droge Alkohol, der gesellschaftlichen Akzeptanz als lebensstilzugehöriges „Schmiermittel" zu allen Gelegenheiten, stellt sich die Frage, wie es soviele geschafft haben, halbwegs integriert und unauffällig mit Alkohol umgehen zu können.
In einigen Legalisierungsszenarien wird eine formelle Unterstützung des Wissens über Drogenwirkung und -anwendung angeboten: Wilmot/Ryan (1989, 148) fordern eine besondere Lizenz, der von den potentiellen Konsumenten erworben werden muß, bevor sie bestimmte Drogen erhalten können: „People would be licensed much the same way they are licensed to drive." Sie müßten das Basiswissen des Drogenkonsums erlernen, die Lizenz beantragen, eine Prüfung ablegen und eine Gebühr entrichten (vgl. weiter Schmidt-Semisch 1992, 107).

Auch dieses Modell muß allerdings einen Drogenschwarzmarkt mit einkalkulieren. Ob diese Form direkter Gesundheitsförderung tatsächlich umsetzbar ist, ob sie konsequenterweise nicht auch auf die heute legalen Drogen angewendet werden müßte, ist zweifelhaft. Zudem würde hier wieder eine Form der Sonderbehandlung installiert, die sich allenfalls für eine Übergangsphase rechtfertigen ließe.

2.4 Formelle Drogenkontrolle

Eine rationale Drogenkontrolle hat sich an den Bedürfnissen der Verbraucher zu orientieren: Ihnen muß der maximale Genuß bei minimaler körperlicher oder psychischer Schädigung ermöglicht werden. D.h. Schädigungen aufgrund des Verbots müssen ausgeschlossen werden; der Verbraucher muß optimalen Schutz und sachliche Informationen erhalten. In zweiter Linie muß verhindert werden, daß Unbeteiligte durch Folgen des Drogenkonsums in Mitleidenschaft gezogen werden.
Unter den Befürwortern einer Aufhebung der selektiven Prohibition besteht Konsens darüber, daß bei einer Drogenkontrolle, die auf das Strafrecht verzichtet, zivile Regelungen notwendig werden und dabei die vorhandenen Kontrollinstanzen genutzt werden sollten. Während in den letzten Jahren zunehmend Einigkeit über eine legislative „Normalisierung" besteht und die „Abschaffung der lex specialis Betäubungsmittelgesetz, Aufnahme der weiterhin notwendigen Regelungen in Strafgesetzbuch, Arzneimittelrecht, Lebensmittelrecht" (Kindermann 1993, 226) gefordert werden, gehen die Vorstellungen, wie diese Option rechtlich und organisatorisch auszugestalten ist, weit auseinander. Im folgenden wird zunächst das „Genußmittelmodell" von Schmidt-Semisch vorgestellt, das in seiner Normalisierungsperspektive am weitesten geht.

2.4.1 Das Genußmittelmodell

> „Die Strategie der Freigabe birgt das Risiko des Scheiterns in sich. Eine solche Strategie ist aber immer noch einer Strategie vorzuziehen, die schon gescheitert ist." (Wolfgang Neskovic, Die Zeit, 18.6.1993)

Schmidt-Semisch (1992) schlägt vor, die heute illegalen Drogen, ebenso wie die heute legalen gemäß ihrer Funktion als Genußmittel unter das Lebensmittel- und Bedarfsgegenständegesetz (LMBG) zu subsumieren, das unter anderem die Herstellung und Qualität unserer „Alltagsdrogen" regelt. Für psychotrop wirkende Substanzen mit teilweise erheblichem Gefahrenpotential wie Alkohol, Tabak, Kaffee, Tee oder Kakao existieren bereits Kontrollinstrumentarien für die psychische, physische Gesundheit der Konsumenten und die gesamte Volkswirtschaft. Genußmittel sind danach Stoffe, die nicht in erster Linie zum Zwecke der Ernährung oder zum Zwecke der Linderung, Heilung, Verhütung von Krankheiten (das sind Arzneimittel) verzehrt werden, sondern aus Gründen des Genusses." (Schmidt-Semisch 1992, 75 u. 153). Die Integration auch der bislang illegalen Substanzen in das Kontrollinstrumentarium des Lebensmittelrechts bietet mehrere Vorteile:

(1) Risiken illegalen Drogengebrauchs, die hauptsächlich daraus resultieren, daß der Verbraucher nicht weiß, was er in welcher Konzentration konsumiert und ob es überhaupt die Substanz ist, die er kaufen wollte, wären reduziert. Eine Kontrolle und ständige Überwachung der Produktqualität, der Verkaufsstellen, Regelung umfangreicher Produktinformationen für den Verbraucher wären mit den – gegebenenfalls zu verfeinernden – Mitteln des LMBG erreichbar.

(2) Der Wegfall von Sondergesetzen wirkte normalisierend: Es würden vorhandene Kontrollinstrumentarien genutzt, um vergleichbare Gefährdungspotentiale mit vergleichbaren Mitteln zu kontrollieren! Die Entscheidung des Gebrauchers wird ernstgenommen und akzeptiert – Drogenkontrolle bezieht sich eben nicht auf die Kontrolle des Konsumenten, sondern auf die Ware selbst: auf Produktqualität, Herstellungsmodus und Einhaltung von Zugangsbeschränkungen für Jugendliche.

(3) Die Drogenkontrolle wäre in der gleichen Form auch mit dem Arzneimittelgesetz zu verbinden. Drogenabhängigkeit, die Krankheit, in der sich Genuß zu Leid verkehrt hat, würde vom Arzt behandelt werden. Für eine Übergangsphase könnten die Drogen dann verschreibungs- oder apothekenpflichtig gemacht werden, um über Apothekenverkauf zumindest eine symbolische Warnung auszusprechen.

(4) Das Genußmittel-Modell bietet gleichzeitig die Chance, Kontrollmodi auch hinsichtlich heute legaler Drogen neu zu bewerten: Verträgt es sich mit Jugendschutzgesetzen, daß Alkoholika und

Tabakwaren auch für Kinder und Jugendliche praktisch uneinge-
schränkt zugänglich sind?

(5) Problematischer Konsum heute noch illegaler Drogen könnte
als Gesundheits- und Sozialproblem wie andere auch behandelt
werden: „Dann erst ist der Punkt erreicht, an dem über die eigentlichen Probleme, die einige Menschen mit Drogen haben, diskutiert
werden kann, ohne daß sekundäre, (durch die Prohibition) produ-
zierte Probleme die Sicht verstellen. Der heute in jeder Hinsicht
paranoide Diskurs über illegale Drogen und ihre Konsumenten
könnte sich in eine gleichberechtigte Interaktion und Kommunikation über Genußmittel wandeln: Es könnte ein Dialog entstehen
zwischen Heroinkonsumenten und Alkoholkonsumenten, zwischen
Kaffeetrinkern und Kokainschnupfern, zwischen Tabakrauchern
und Haschischkonsumenten, aber auch zwischen Hilfesuchenden
und Helfenden, zwischen Drogenkonsumenten und Abstinenzlern
usw." (ebd., 159).

Weil derzeit keine weiterreichenden Umsetzungsmodelle für einen
legalen Zugang zu Drogen vorliegen, wird im folgenden das von
Schmidt-Semisch entworfene Modell in einem ausführlichen Zitat
wiedergegeben:

„Alle heute noch illegalen Genußmittel sollen freigegeben und als ge-
staffelte Palette von Produkten mit unterschiedlichen Wirkstoffkonzentrationen und Applikationsformen angeboten werden, um den
unterschiedlichen Konsumentenbedürfnissen gerecht zu werden. Die Do-
sierungen der einzelnen Substanzen reichen dabei von leichten stimulie-
renden Wirkstoffkonzentrationen bis hin zu Substanzen mit hohem
Wirkstoffanteil. Jede Dosis (vor allem bei hohen Wirkstoffkonzentrationen) ist einzeln zu verpacken und darf die durchschnittliche letale Dosis
eines für die jeweilige Drogen ungeübten Konsumenten nicht überschrei-
ten. Jede Einzelverpackung sowie jede mehrere Einzelpackungen um-
schließende Verpackung muß (...) Warnhinweise enthalten. Zudem muß
den Verpackungen ein (weitere Informationen enthaltender) Beipackzet-
tel beigefügt werden. Die Verpackungen der einzelnen Drogenarten sollten sich in ihrer Farbe unterscheiden; die Farbintensität kann hierbei
eventuell den Wirkstoffgehalt der jeweiligen Substanz zum Ausdruck
bringen (z.B. hellgrün für rauchbares Opium und giftgrün für injizier-
bares Heroin).
Vermarktungsorientierte und bedürfniserzeugende Werbung ist verboten. Erlaubt sind dagegen Publikationen, die der sachlichen Aufklärung
und Produktinformation über den Gebrauch psychoaktiver Substanzen

dienen. Diese Publikationen dürfen in den jeweiligen Verkaufsstellen und im Buchhandel vertrieben werden. In Zweifelsfällen bzgl. des Informationswertes von Informations- und Aufklärungsmaterial entscheidet eine ständige Kommission, die sich aus Pharmakologen, Drogenkonsumenten, Juristen, Drogenforschern, Delegierten der Verbraucherschutzverbände etc. zusammensetzt.

Der Handel mit und Verkauf von Genußmitteln wird auf den Fachhandel beschränkt und an den Erwerb einer Lizenz gebunden. Als Fachhändler können gelten: Apotheker, Gastwirte, die normale Kneipen oder auch spezielle Drogen-Kneipen betreiben, erfahrene Drogenkonsumenten und -händler etc.

Es werden Wirkstoffmengen-orientierte Steuern erhoben, die zweckgebunden in den Bereich der Drogen-Aufklärung, -Information, -Beratung, -Hilfe, -Erziehung etc. zurückfließen sollen. In diesem Zusammenhang wäre auch eine Zweckgebundenheit der Steuern für heute bereits legale Substanzen (Alkohol-Steuer, Tabak-Steuer) anzustreben.

Die Überwachung der Herstellung und Qualität der Produkte erfolgt im Rahmen der üblichen Maßnahmen der Lebensmittelüberwachung, d.h. einerseits durch betriebliche Ein- und Ausgangskontrollen der eingehenden Rohstoffe bzw. hergestellten Produkte und andererseits durch die behördlichen Lebensmittelüberwachung sowie die Maßnahmen und Kontrollen der Verbraucherschutzverbände etc. Es gelten die üblichen und weitgehenden Regelungen zur Produkthaftung im Falle von Schädigungen, die dem Konsumenten selbst nicht anzulasten sind. D.h. bei Konstruktions-, Instruktions-, Fabrikations- oder Entwicklungsfehlern entweder (bei Konstruktions- oder Instruktionsfehlern) der Hersteller selbst bzw. seine Haftpflichtversicherung oder (bei Fabrikations- oder Entwicklungsfehlern) ein einzurichtender Fonds. Bei Schädigungen, die aus dem sachgemäßen oder unsachgemäßen Konsum einwandfrei-hergestellter psychoaktiver Substanzen resultieren, werden die Kosten für Hilfe, Behandlung, Therapie etc. von den Krankenkassen übernommen und ebenso gehandhabt, wie Schädigungen und Erkrankungen, die durch die Ausübung anderer riskanter Lebensstile verursacht werden können. Der Staat, der die eingenommenen Drogensteuergelder in Aufklärung, Erziehung und eine Palette anderer Hilfsangebote investiert, entlastet die Krankenkassen hierbei indirekt in finanzieller Hinsicht.

Konsumbeschränkungen sind den Beschränkungen zum Konsum von Alkohol im Straßenverkehr, am Arbeitsplatz, für Minderjährige etc. anzugleichen. Dabei ist man sich bewußt, daß solcherlei Konsum-Beschränkungen bzw. Drogen-Kontrollen keinen absoluten Schutz bieten. Unvernunft, Unvorsichtigkeit und Fahrlässigkeit sind ein Risiko-Faktor jeder Gesellschaft, dem nur, wenn auch unvollkommen, mit Aufklärung und Erziehung zu einem verantwortlichen und verantwortungsbewußten Umgang mit psychoaktiven Substanzen begegnet werden kann" (Schmidt-Semisch 1992, 153 ff.)

Bei der Frage, welche Drogen legal zugänglich sein sollten, kann man nicht einem abstrakten Gesundheitsdiktat folgen: Alle Genußmittel können bei unsachgemäßem, übermäßigem oder kontinuierlichem Gebrauch zu nachhaltigen Gesundheitsschäden führen: Würde man Nikotin oder Alkohol nach ihrem gesundheitsschädigenden Potential bewerten, dürften sie erst gar nicht in den Verkehr gebracht werden! Die Kontrolle durch Lebens- und Arzneimittelgesetz für heute legale Drogen vor allem hinsichtlich Abgabebeschränkungen und Werbung ist noch lückenhaft. Solange etwa Tabak oder Alkoholika aus Automaten gezogen werden können, anonym – außerhalb des „kundigen kulturellen Zusammenhangs" – kann keine effektive Kontrolle über eine Abgabe an Kinder und Jugendliche erreicht werden. Und solange man ansonsten die Verteilung völlig dem freien Markt überläßt, darf man sich über aggressive Absatzstrategien nicht wundern.
Welche Problembereiche ergeben sich noch?

Altersgrenze:
Es wäre sinnlos, die Altersgrenze so hoch anzusetzen, daß gerade jene von Drogen abgehalten werden, die davon profitieren und – altersbedingt – mit ihnen experimentieren wollen. Abgabebeschränkungen sind nur in einem ganzheitlichen Modell der Drogenkontrolle sinnvoll: Statt die Abgabekontrolle allein den Kassiererinnen in Supermärkten oder den Kellnern in Kneipen zu überantworten, könnten Drogen etwa in Drogerien abgegeben werden, die dafür Lizenzen erwerben und Konsumenten fachlich beraten könnten.

Besteuerung:
Wer Genuß sucht, soll für potentiellen Schaden, der die Gesamtheit der Versicherten betrifft, vorab bezahlen. Tabak- und Branntweinsteuern etwa sollten ausschließlich in die Vorbeugung fließen. Auch heute noch illegale Drogen wären entsprechend zu besteuern. (vgl. Schmidt-Semisch 1992, 115)

Werbung:
Werbung für Genußmittel ist eine zweifelhafte Angelegenheit: Wenn eine Gesellschaft die Gesundheit zu einem hohen Gut erklärt, sollte sie konsequenterweise keine Werbung für Produkte zulassen, die dieses Gut zerstören können. Wenn schon ein totales Werbeverbot nicht durchzusetzen ist, sollten informative, von Verbraucherverbänden kontrollierte Produktinformationen eingesetzt werden.

Das hier vorgeschlagene Modell der Legalisierung und Integration heute verbotener Drogen in bereits vorhandene Kontrollmodelle ist nur langfristig zu realisieren. Die positiven Effekte für die Drogenkonsumenten wären immens. Vor allem ihre öffentliche Wahrnehmung und Behandlung als Opfer und Kranke, kurz als Objekte der Repression und Betreuung, wäre damit aufhebbar. Die Risiken für die Gesellschaft wären kalkulierbar und jedenfalls geringer als die deregulierenden und kontraproduktiven Folgen der Prohibition.

2.4.2 Andere Modelle

Zwischen dem Genußmittelmodell als Totallegalisierung und dem unten beschriebenen Weg des Medizinalisierungsmodells siedeln Bauer/Bossong (1992, 7) ein „Integrationsmodell" an, das Elemente aus beiden miteinander verbinden soll. Dieser „dritte Weg zwischen Drogengenuß und Suchtbehandlung" bezieht sich ausschließlich auf die Abgabe von Opiaten und sieht vor, daß niedrigprozentige und nicht-injizierbare Stoffe (also Opiate in eß-, trink- und rauchbarer Form) frei verkäuflich sind, während hochprozentige und spritzbare Substanzen der ärztlichen Verschreibung süchtigen und damit „kranken" Drogenabhängigen vorbehalten bleiben sollen. Dieser Vorschlag zielt darauf, die bei intravenösem Konsum vor allem für Ungeübte erhebliche Gefahr möglicherweise tödlich verlaufender Überdosierungen zu minimieren. In der Tat stellt sich die Frage, ob und wie schnell die Zugänglichkeit zu „kulturell" vermitteltem Wissen über Dosis, Technik und Verträglichkeit für jeden verfügbar und übernehmbar ist. Allerdings brauchten bei dieser Regelung diejenigen, die intravenös konsumieren wollen, lediglich mehrere Konsumeinheiten zu erwerben, um die Stoffe aufzulösen und zu spritzen. Vielleicht wäre es wichtiger, offensiv mit dem Spritzproblem umzugehen, als es der Heimlichkeit zu überlassen. Aber der intravenöse Gebrauch könnte eine Randerscheinung bleiben, sind doch andere Konsumformen nur deshalb in Deutschland weniger verbreitet, weil „fixen" die preislich effektivste Nutzung der Substanz darstellt. Es ist also wahrscheinlich, daß bei legalem Zugang andere Konsumtechniken – wie Rauchen oder Inhalieren – sich schnell verbreiten würden.
Kindermann (1993, 226) schlägt die Definition einer Klasse nichtverschreibungspflichtiger Drogen vor, sowie gekoppelt daran die Festlegung von Orten, an denen sie unter spezifischen Prämissen er-

worben werden können. Alkoholika beispielsweise könnten demnach in Gaststätten oder Spezialgeschäften an Erwachsene gegen Vorlage des Personalausweises abgegeben werden, Haschisch in der Apotheke an Erwachsene gegen Vorlage des Personal- und eines Bezugsausweises. Daneben spricht er sich für eine Klasse verschreibungspflichtiger Drogen und eine Verschreibungserlaubnis für entsprechend ausgebildete ÄrztInnen aus.

Hartwig/Pies (1992) nennen ihr Modell „kontrollierte Teilliberalisierung". Von Einsichten in die ökonomischen Funktionszusammenhänge des illegalen Drogengeschäfts geleitet („die staatliche Prohibition ist der eigentliche Motor des Marktes"), geht es den beiden vor allem darum, den Schwarzmarkt („die Preiswirkung") zu zerstören. Nach dieser Konzeption sollen Abhängige gegen eine Kostenerstattung ihre Drogen per Rezept vom Staat legal beziehen können. Nichtstaatlicher Handel bleibt weiter verboten: „Generell können sich alle Drogenkonsumenten den legalen Zugang zu harten Drogen verschaffen, wenn sie über ein entsprechendes Rezept vom Arzt verfügen. Diejenigen, die erstmalig staatliche Drogen in Apotheken erwerben, müssen vorher an einer ausführlichen Beratung teilgenommen haben. Diese Beratung kann durch den Arzt oder – analog zu den Familieberatungsstellen im Fall des Schwangerschaftsabbruchs – durch bereits bestehende Drogenberatungsstellen erfolgen. Hier wie dort würde dann eine heikle, für das Individuum äußerst wichtige und intime Entscheidung nicht mehr vom Staat, sondern von dem Betroffenen selbst gefällt. Der Staat griffe in den Entscheidungsprozeß nur insofern ein, als er durch die Forderung nach Beratung die Selbstverantwortungsfähigkeit des Bürgers stärkt. Die Erstkonsumenten werden einem Procedere unterworfen, das sie zu einer bewußten Entscheidung zwingt."(119 f.).

Die Forderung nach einer Zwangsberatung für eine Entscheidung, die individuell längst getroffen ist, belegt, daß die Forderung nach Aufhebung der Prohibition durchaus mit einem autoritären Politikverständnis einhergehen kann. Dieses Sonderkontrollmodell läßt die Rolle des Arztes (als bloßer Drogenverschreiber?) und den Status der Konsumenten (Kranke?) im Unklaren. Hier setzt vor allem die Kritik an: Aus ökonomisch nachvollziehbaren Gründen baut das Modell eine Sonderbezugswelt für gewisse Drogen auf, die Gebraucher dieser Drogen entmündigt.

In einem zweiten Schritt soll, so Hartwig/Pies, die Drogenversorgung selbstverwaltet durch eine öffentlich-rechtlichen Genossenschaft geregelt werden, „die die in der ersten Phase gegründete staatliche Versorgungsagentur als ihren Organbetrieb übernimmt. Wer sich im Rezeptsystem legal mit Drogen versorgen lassen will, muß dann Mitglied, d.h. Mit-Eigentümer der Genossenschaft werden (...) Eine solche genossenschaftliche Selbstverwaltung wäre der öffentlich-rechtlichen Aufsicht des Staates unterworfen und hätte folglich die zuvor von seiten des Staates etablierten Standards – etwa in Bezug auf die Qualität der Drogen und die Absicherung des Produktions- und Versorgungssystems – einzuhalten. Im Laufe der Zeit könnte man ihr dann die Finanzierung des gesamten Therapiewesens übertragen." (124/125).

Amendt (1992) befürwortet in Abgrenzung zu diesem und ähnlichen Vorschlägen, die seiner Meinung nach weit an der Lebensrealität Drogenabhängiger vorbeigehen, die Freigabe im Rahmen eines Staatsmonopols: „Zu diesem Zweck wäre eine nationale Institution zu schaffen, zu deren Aufgaben die Einfuhrüberwachung der Rohstoffe gehörte, u.U. bereits die Qualitätskontrolle des Anbaus in den asiatischen und lateinamerikanischen Rohstoffländern, sowie die Vergabe von Lizenzen zur pharmazeutischen Herstellung der Endprodukte. (...) Auch für die Qualitätskontrolle des Endproduktes, für die defensive Vermarktung und für die Verbreitung von Informationen über Zusammensetzung, Dosierung, Schädlichkeit, Abhängigkeitspotential und Nebenwirkungen wäre die zu schaffende Institution zuständig. (...) Die Freigabe von Drogen ist mit Risiken verbunden. Das größte Risiko wäre, daß alles so bliebe, wie es ist, und sich so weiterentwickelte, wie bei Aufrechterhaltung der Prohibition zu erwarten ist. Mit der Freigabe des Drogenhandels und der Entkriminalisierung des Konsums werden nicht nur die Machtverhältnisse völlig umgekrempelt, es änderte sich auch der Status von Drogen. Kokain würde das Luxuriöse verlieren, Heroin würde das Heroische genommen" (Amendt 1992, 22 f.).

Auch dieses Modell sieht eine Sonderregelung für die heute noch illegalen Drogen vor: Mit der Idee eines Staatsmonopols wird noch einmal versucht, die Gefahren einer Entfesselung der Marktmechanismen zu umgehen und als letzten Rettungsanker vor der aggressiven kapitalistischen Vermarktung die völlige staatliche Kontrolle über bestimmte Drogen zu werfen. Tatsächlich trifft gerade im Bereich des Drogenkaufs und -verkaufs das freie Spiel der Kräfte die Schwachen besonders kraß, und auf „freiwillige Selbstkontrolle" der Drogenindustrie zu hoffen, wäre allerdings naiv.

Eine Reihe vorwiegend amerikanischer Wissenschaftler plädiert für eine staatlich kontrollierte Abgabe und freien Verkauf an registrierte Bürger in „drug stores" etwa nach Vorbild des Alkohol-Verkaufs in skandinavischen Ländern. Schließlich ist in der US-amerikanischen Legalisierungsdebatte die Idee des „Drogen-Führerscheins" entwikkelt worden, „der vor dem erstmaligen Konsum erworben werden muß, um die Gefahren so gering wie möglich zu halten. Ein ‚Marihuana-Führerschein' wäre leichter zu haben als der ‚Heroin-Führerschein' – um sich einen Schuß zu setzen, bedarf es einer größeren Fachkenntnis, als lediglich einen Joint zu dosieren und zu bauen. Dieses Modell dürfte spätestens am Aufbau des enormen Überwachungsapparates scheitern, der notwendig wäre, um die staatlich anerkannten Drogennutzer unter Kontrolle zu halten" (Bauer 1993).

3. ZURÜCK ZUM MACHBAREN! – IMMANENTE VERÄNDERUNGEN

Das Genußmittelmodell hat mit der von den Bedürfnissen des Konsumenten ausgehenden Sicht auf Drogen und der Forderung nach einem einheitlichen Kontrollmodell von legalen und heute noch illegalen Drogen bei differenzierten Zugangsschwellen in der Legalisierungsdiskussion das Ziel aller entkriminalisierenden Teilschritte benannt. Allerdings ist es in dieser Radikalität ein Projekt, das wahrscheinlich erst im nächsten Jahrtausend realisiert werden wird. Entscheidend ist deshalb, welche Reformen als Schritte nach vorn, welche als Schritte zurück anzusehen wären.

3.1 Medizinalisierungsmodelle

Medizinalisierungsmodelle sehen die kontrollierte Drogenabgabe an Abhängige im Rahmen medizinischer Suchtbehandlung vor. Über die reine Abgabe von – in der Regel – Opiaten hinaus sollen psychosoziale Begleittherapien angeboten werden. Die kontrollierte Drogenabgabe dient einerseits der Stabilisierung und Verbesserung des somatischen und psychosozialen Zustandes der Patienten, der Vermeidung von Drogennotfällen, Todesfällen sowie der HIV/AIDS-Prophylaxe. Daneben geht es um die Integration der Drogenabhängigen in die Gesundheitsversorgung und ihre Herauslösung aus dem gesundheitsschädigenden Leben in der Drogensubkultur. Die Zielgruppe sind demgemäß Drogenabhängige, denen bislang weder mit abstinenzorientierten Angeboten noch mit Substitutionsbehandlungen geholfen werden konnte oder die von diesen gar nicht erreicht wurden (vgl. zum Überblick der kontrollierten Vergabe von Heroin/Morphium: Noller 1990 und Mino 1990). Fuchs (1993) betont, daß die Verschreibung von Opiaten wie Morphin oder Heroin nur sinnvoll ist, wenn sie in eine differenzierte therapeutische Strategie der „harm reduction" eingebettet ist.

Warum statt oder ergänzend zur Methadon- nun noch eine Heroinverschreibung? Bossong (1993) führt aus, daß viele Methadonpatienten über Motivations- bzw. Compliance-Probleme und Nebenwirkungen von Methadon klagen, die bei Heroinverschreibungen offenbar nicht auftreten. Der Beigebrauch, der in mehreren Substitutionsbegleitstudien auch über einen gewissen Adaptionszeitraum hinaus festgestellt wurde, ist Ausdruck der Unzufriedenheit mit dem Nüchternmacher Methadon. Methadon mit seiner kaum ausgeprägten euphorisierenden Wirkung stellt für viele eine Ernüchterung dar, nachdem sie sich lange mit starken Analgetika wie Heroin betäubt hatten. Für manche ist dieser Übergang vom unkontrollierten Heroingebrauch hin zum kontrollierten Ersatzmittelgebrauch zu drastisch.

Ärzte sollen eine möglichst große Therapiefreiheit in der Drogensucht-Behandlung bekommen, die ihnen auf der Grundlage wissenschaftlich fundierter Verfahren erlaubt, andere Opiate als Methadon zu verschreiben. Die Aufgabe der Indikationsstellung läge im Einzelfall bei ihnen. Denkt man dieses Modell weiter, integriert man andere Opiate aus der Anlage 1 in die Anlage 3 des Betäubungsmittelgesetzes, macht sie somit ärztlich verschreibungsfähig, dann würde die Therapiefreiheit der niedergelassenen Ärzte erheblich wachsen. Der die Drogensucht behandelnde Arzt könnte somit auf ein breiteres Spektrum von Substanzen zurückgreifen und einen größeren Teil der Hilfesuchenden aufnehmen: „Grundsätzlich sollten alle diejenigen manifest Drogenabhängigen in Frage kommen, die für andere Behandlungsformen (stationäre oder ambulante Abstinenztherapien,

Substitutionsbehandlung) aktuell nicht ansprechbar sind. Je früher in der sogenannten Suchtkarriere es gelingt, durch ärztliche Behandlung – und hierbei eventuell eben auch durch ärztliche Drogenverschreibung – den einzelnen Abhängigen von der unkontrollierten Selbstverabreichung von Drogen abzubringen, desto größer sind die Chancen, daß er die Zeit der Drogensucht überhaupt überlebt, daß sich ein gesundheitsschädlicher Lebenswandel nicht chronifiziert und daß zum Teil irreversible – Sekundärkrankheiten vermieden werden" (Bossong 1993).

Man ist sich darüber im klaren, daß dieses Modell drei wesentliche Nachteile enthält: Zum einen ist die Reichweite in der Regel auf bereits mehrjährig (Schwerst-)Abhängige beschränkt, Gelegenheitskonsumenten und Probierer wären ausgeschlossen. Zum anderen wäre keine große Eingrenzung des Drogenschwarzmarktes zu erwarten. Selbst wenn alle Abhängigen, die es wollen, in die legale Versorgung mit Opiaten integriert würden, würde zwar der illegale Opiathandel erhebliche Einbußen erleiden, der Schwarzmarkt für andere Substanzen jedoch nicht ausgetrocknet. Zum dritten würden die Ärzte zu Drogenkontrolleuren.

Immerhin wären die Vorteile für Opiatabhängige enorm. Erfahrungen mit der medizinischen Drogenabgabe in England und mit einem kleinen Morphium-Programm in Amsterdam zeigen, daß sich mit diesen Maßnahmen gesundheitliche und sozial-integrative Stabilisierungen erreichen lassen. Das sogenannte British-System sieht seit den zwanziger Jahren eine ärztliche Verschreibungsmöglichkeit von Drogen vor. Seit den sechziger Jahren erfolgt eine Abgabe von Heroin und Amphetaminen an Drogenabhängige nur noch in speziellen Drug Dependence Clinics (DDC), während alle weiteren Ärzte Methadon, Heroin jedoch nur noch in der Schmerztherapie verschreiben können. Doch nicht alle DDC verschreiben Originalsubstanzen. Methadon hat aufgrund seiner therapeutischen Vorzüge für den Arzt auch in Großbritannien eine dominierende Stellung in der medizinischen Behandlung Opiatabhängiger eingenommen: orale Einnahmeform, lange Halbwertzeit, geringe Euphorisierung (was mit der ärztlichen Abneigung gegenüber hedonistischem Gebrauch korrespondiert). Gleichwohl nimmt die Bereitschaft englischer Ärzte, kontrolliert Drogen zu verschreiben, angesichts der Bedrohung durch HIV und AIDS in den letzten Jahren wieder zu. Laut Marks

(1992, 60) verschreibt etwa ein Viertel aller berechtigten Psychiater „einigermaßen großzügig".

Obwohl es keine abschließende Fremdevaluation der englischen Erfahrungen mit der ärztlich-kontrollierten Abgabe von Opiaten, Amphetaminen und Kokain gegeben hat, die Zahl der Behandelten recht klein ist, läßt sich zusammengefaßt jedoch aufzeigen, daß es mit dieser Strategie gelingen kann:

(1) den allgemeinen Gesundheitszustand der Patienten zu verbessern,

(2) die drogenbedingte HIV- bzw. AIDS-Rate signifikant zu senken,

(3) die Zahl der Todes- und Notfälle in erheblichem Maße zu verringern (Bossong 1993; vgl. zur Übersicht Schmidt-Semisch 1992) und

(4) die Kriminalität zu reduzieren (Marks 1992, 61).

Das Behandlungskonzept beruht auf folgenden Überlegungen: „Das wichtigste und unmittelbare Ziel ist es, daß der Drogenabhängige mit einer verantwortlichen ärztlichen Autorität Kontakt behält, wenn er nicht davon abzubringen ist, seine Drogenabhängigkeit auf legale und am wenigsten gesundheitsschädliche Weise weiterzubetreiben. Die Forschung hat gezeigt, daß keinerlei äußere Einmischung auf die Dauer der psychologischen Abhängigkeit, die eine Gaußsche Verteilung um ungefähr 10 Jahre hat, irgendwelche bedeutende Wirkung hat. Wenn also Süchtige von ihrer Süchtigkeit trotz der Ärzte und Polizisten und nicht etwa mit ihrer Hilfe geheilt werden, dann ist der beste ärztliche Eingriff, ein gesundes, legales Überleben sicherzustellen, bis die psychologische Abhängigkeit von der Sucht abflaut" (Marks 1992, 63).

Letztlich allerdings legt dieses Konzept nahe, Drogen auch in anderem Kontext (obwohl die Ärzte eine sehr hohe Kompetenz im gesamten Umgang mit den Pharmaka aufweisen) kontrolliert abzugeben, um Überleben und schließlich einen selbstinitiierten Ausstieg zu gewährleisten (Vgl. auch die ausführliche Darstellung der Verschreibung von Heroin in Widnes/Liverpool von Glauert, Basler-Zeitung, 31.7.1993).

In Amsterdam wurde bereits in den Jahren 1983/84 erwogen, einer Gruppe von etwa 300 „extrem problematischen Drogengebrauchern", d.h. langjährig und schwer integrierbaren Drogenabhängigen, Heroin zu verschreiben. Dieses Vorhaben wurde von der Regierung als nicht praktikabel abgewiesen, unter anderem, weil man

Proteste aus dem Ausland befürchtete. Einem Teil dieser Gruppe wird seit 1983 im Rahmen eines wissenschaftlich begleiteten Behandlungsversuchs Morphin verabreicht. Das Morphin-Abgabe-Programm richtet sich vornehmlich an langjährige Drogengebraucher (die Mehrzahl mehr als elf Jahre abhängig), die von oralen Methadonangeboten nicht (mehr) angesprochen werden. Das Ziel dieser Morphin-Behandlung ist nicht Abstinenz, sondern die Stabilisierung der Abhängigkeit und die Behandlung somatischer und psychiatrischer Störungen. Eine Reduktion der gesundheitlichen Risiken wird durch die Vergabe von sauberem Opiat angestrebt: Zugang zum Programm mit ursprünglich 37 Klienten hatten Drogengebraucher mit einer somatischen oder psychiatrischen Indikation. Es wurde sowohl Morphin (zum Teil ausschließlich) als auch (ergänzend oder später zum Teil ausschließlich) orales Methadon verschrieben.

Die Resultate müssen vorsichtig bewertet werden. Psychiatrische und soziale Probleme wurden in befriedigendem Maße reduziert (Derks 1988, 17), Mischkonsum und depressive Zustände nahmen ebenfalls ab, eine bessere Tagesstrukturierung wurde hingegen nur in geringem Maße erreicht. Ein Ergebnis dieses Programms ist sicherlich, daß bestimmte Gruppen durchaus von einer differenzierten Opiatabgabe profitieren können, die etwa aus dem Methadon-Programm aufgrund bestimmter Auffälligkeiten herausfielen.

Ein Modell für die ärztliche Abgabe von Opiaten, also von Substitutionsmitteln wie von Originalsubstanzen, wird, angelehnt an das „British System", von André Seidenberg aus Zürich favorisiert. Ausgangspunkt seines Medizinalisierungsmodells ist die klare Differenzierung zwischen den Risiken der Substanzwirkung von Drogen und den Risiken bestimmter Konsumformen. Seine Aufgabe als Arzt sieht er vor allem darin, die Konsumformen so zu beeinflussen, daß zusätzliche Risiken des Drogengebrauchs gemindert werden. In einer Rangordnung „gefährlicher" Konsumformen steht das Spritzen von Drogen ganz oben, vor Rauchen, Schnupfen („Sniefen") und oraler Applikation. In einer auch von dem Verein Schweizerischer Drogenfachleute (VSD) geforderten „diversifizierten Drogenverschreibung und Drogenabgabe (DDD) sollen Ärzte versuchsweise alle auf der Straße angebotenen Drogen (Heroin, Morphium, Temgesic, Methadon, Kokain) verschreiben können: „In DDD-Versuchen soll also die Droge der Wahl in der Konsumform der Wahl bezogen werden können. Wir wollen versuchsweise den geregelten Nachschub von Drogen für Abhängige gewährleisten. Wir hoffen dadurch, die mit dem Konsum dieser Drogen verbundenen, sekundären Probleme (diverse Infektionskrankheiten, Beschaffungskriminalität, Prostitution, Verelendung jeglicher Art etc.) verkleinern oder aufheben zu können. Die Daten, die in den Versuchen gesammelt werden können, sollen Aufschluß darüber geben, ob tatsächlich und in welchem Ausmaß eine Schadensminimierung („harm reduction") eintritt." (Seidenberg 1992, 135).

Anfang 1994 wird neben anderen ein Versuch der „diversifizierten Drogenverschreibung und Drogenabgabe an sich prostituierende, drogenabhängige Frauen in Zürich" starten, mit dem ihre besonderen Risiken und Probleme angegangen werden sollen: Frauen, welche weniger unter Beschaffungsdruck stehen, können sich eher den Zwängen, der Gewalt und der Angst vor Gewalt auf dem „Drogenstrich" entziehen. Dies ist auch aus aidspräventiven Gründen sehr wichtig. (Charles/Seidenberg 1993)

Drei unterschiedliche Gruppen mit jeweils 50 Frauen wurden mit dem Ziel gebildet zu prüfen, ob die Verschreibung und Abgabe von Drogen Prostitution und damit assoziierte Probleme vermindert: Eine Gruppe erhält Heroin zum Spritzen/und oder Rauchen, sowie allenfalls Methadon zum Schlucken; die zweite Gruppe erhält Morphium zum Spritzen, sowie allenfalls Morphium oder Methadon zum Schlucken; die dritte Gruppe erhält Methadon zum Spritzen und/oder zum Schlucken. Durch besondere Indikation kann in allen drei Gruppen Kokain zum Rauchen (Cocqueretten) verschrieben werden (vgl. Charles/Seidenberg 1993) Die Betreuung mit Angebotscharakter wird auf die Risikoreduktion beim Drogengenuß ausgerichtet und kann unabhängig vom Drogenbezug in Anspruch genommen werden.

Ausgehend von der Erkenntnis, daß orale Methadonangebote mit niedriger Eintrittschwelle, geringen Anforderungen und Bedingungen vermutlich mehr Opiatabhängige erreichen und halten können als hochschwellige mit restriktiven Indikationskriterien und Vergabebedingungen, sind bereits die „Zürcher Opiatkonsumlokale" (ZoKl 1 + 2) eingerichtet worden. Aus rechtlichen Gründen haben dort allerdings nur Methadonpatienten nach einer ärztlichen Eingangsuntersuchung einen niedrigschwelligen Zugang zu einer EDV-gesteuerten Methadonabgabe. Die Abgabelokale, in denen die Patienten ihr Methadon nach Möglichkeit konsumieren sollen, sind in hohem Maße „patientenfreundlich" gestaltet. Sie überlassen Entscheidungen über Dosisveränderung oder Abholungsmodalitäten den gegenwärtig 400 Patienten selbst, beschränken sich nicht auf Substitution (trotz Methadonabgabe findet ein Spritzentausch statt, es wird akzeptiert, daß die Besucher gegebenenfalls neben der oralen Methadoneinnahme auch noch Drogen intravenös konsumieren) und erlauben eine flexible Abgabe (bei stabiler Dosis kann eine Mitgabe für das Wochenende und Feiertage erfolgen).

Seidenberg versteht den Weg von Konsumlokalen mit einer „diversifizierten Drogenverschreibung und Drogenabgabe (DDD)" als eine „medizinalisierte Marktordnung": Ärzte gewährleisten Gefahren- und Problemarmut, sie helfen mit ärztlich geleiteten Konsumgelegenheiten, weniger gefährlich zu konsumieren: „Ärztlich geleitete Konsumformen sind Schritte auf dem Weg zu einem autonomen Umgang mit der Droge, mit welcher eine Konsumentin oder eine Konsument schon Probleme bekommen hat." (Seidenberg 1992, 138).

Dieses Modell setzt einen medizinischen Filter vor einen Zugang zu Drogen: Abhängige erhalten über eine ärztliche Krankheitsdefinition Zugang zu sauberen und kontrollierten Drogen. Diejenigen, die noch nicht abhängig sind oder nicht sein wollen, können sich einstweilen auf dem Schwarzmarkt weiter versorgen. Dabei ist die ärztliche Rolle sehr weit gefaßt: Jeder fortgesetzte Konsum wird als „krank" definiert, auch wenn er eindeutig hedonistisch motiviert wäre. Eine pragmatische Lösung, die vielen DrogengebraucherInnen einen legalen, kontrollierten Zugang bieten würde und eine bestimmte Klientel (etwa Kokain-Gebraucher) ohnehin davon abhalten würde, ihre Bedürfnisse innerhalb eines medizinischen settings zu befriedigen.

Doch letztlich kommt auch dieses Modell nicht darum herum, regelmäßigen Drogengebrauch als krank zu definieren, was in dieser Pauschalisierung unpräzise und unzutreffend ist und mit Sicherheit die Kostenträger auf den Plan rufen wird. Nicht jede Abhängigkeit ist Ausdruck von Krankheit, allerdings kann jede psychische oder physische Abhängigkeit zur behandlungsbedürftigen Krankheit werden. Wenn der medizinische Filter letztlich der einzig legale Zugang zu bestimmten Drogen bleibt und zum Regulativ avanciert, wird allerdings die Existenz des Schwarzmarktes mit seinen schädigenden Folgen weiterhin in Kauf genommen. Insofern kann dieses Medizinalisierungsmodell nur eine Übergangslösung auf dem Weg zur selbstbestimmten Wahl bestimmter Drogen darstellen.

Doch läßt die ärztliche Ethik, der Hippokratische Eid („nil nocere") die Verschreibung eindeutig aus hedonistischen Motiven konsumierter Substanzen überhaupt zu? Wohl kaum, denn Drogen sind sowohl Genuß- als auch Arzneimittel. Den gesamten Zugang zu Genußmitteln über Ärzte regeln zu wollen, würde „eine Neudefinition medizinisch-therapeutischen Handelns erfordern" (Bauer 1992, 92) und widerspräche Bemühungen um eine Integration von Drogenkonsumenten: „Normalisierung bedeutet, daß die heute verbotenen Drogen nur insoweit von Ärzten verschrieben werden, als dies im Rahmen einer Krankenbehandlung erfolgt. Was Freizeitkonsum angeht, ist das Selbstbestimmungsrecht der Konsumenten zu respektieren. Obwohl die heute verbotenen Drogen also auch verschreibungsfähig sein müssen (Arzneimittelgesetz!), müssen sie auch frei und ohne Rezept erhältlich sein." (Scheerer 1992, 24)

In der jetzigen Situation hätte die ärztliche Abgabe von Originalsubstanzen jedoch unabweisbare Vorteile: Es würden grundsätzlich mehr Abhängige angesprochen; die Reichweite für medizinische Behandlung und (HIV/AIDS-, HBV-) präventive Bemühungen ließe sich enorm steigern; und die Ärzte wären in das Drogenhilfesystem, von dem sie sich in der Bundesrepublik so lange ferngehalten haben, integriert. Ein Schritt also in Richtung Normalisierung.

Auch in der Bundesrepublik wird die Originalstoffabgabe diskutiert, von politischen Parteien und der Fachöffentlichkeit gefordert (SPD-Bundestagsfraktion, SPD-Hamburg und SPD-Landesspartei Bremen, akzept-Bundeskongreß: Hamburger Erklärung, F.D.P., JU-SOS). Hamburg und Frankfurt haben bereits erste politische und verwaltungsrechtliche Schritte zur rechtlichen Ermöglichung beziehungsweise Genehmigung unternommen. Bauer/Bossong (1993) fassen diese Schritte zusammen:

„... das Bundesland Hamburg hat im Mai 1992 einen Gesetzesantrag zur Änderung des BtMG (Schaffung eines neuen § 3a BtMG) eingebracht, um generell wissenschaftliche Versuche mit Betäubungsmitteln und in der eigenen Stadt einen Heroinbehandlungsversuch mit 200 Drogenabhängigen zu ermöglichen und in einem zweiten Schritt zu erreichen, daß nach erfolgreichem Versuchsabschluß die erprobten BtM, konkret Heroin, in Anlage 3 BtMG (das sind die verkehrs- und verschreibungsfähigen Betäubungsmittel wie z.B. Levomethadon) transferiert wird. Der Gesetzesantrag hat zwar im Juni 1993 eine Mehrheit im Bundesrat gefunden, von der Bundesregierung liegt allerdings bereits eine ablehnende Stellungnahme vor. In der Begründung wird erneut vor allem die Abstinenzfixierung der bundesdeutschen Drogenpolitik deutlich. Gesundheitliche Verbesserungen für Abhängige, die auf der Basis einer ideologiefreien Strategie der Schadensminimierung durch eine Heroinabgabe anvisiert waren, werden dem langfristigen Ziel der Drogenfreiheit bedingungslos untergeordnet: ‚Auch für Schwerstabhängige bedeutet eine staatlich kontrollierte Verabreichung von Heroin insgesamt keine Verbesserung ihrer Therapiemöglichkeiten. Heroin vom Arzt vermag sie ebensowenig wie der Konsum von Straßenheroin zur Drogenfreiheit zu führen … Darüber hinaus wird eine staatliche Heroinverabreichung die ohnehin schwachen Kräfte des Süchtigen zum Ausstieg aus der Sucht endgültig lähmen‘ (Dt. Bundestag 1993, Anl. 2). Die gesundheitliche und soziale Lebensrealität vieler Drogenkonsumenten, die z.T. weit entfernt ist von Ausstieg und Drogenfreiheit, wird beispielhaft ausgeblendet zugunsten eines lebensweltfremden Wunschdenkens. Die Stadt Frankfurt hat im März 1993 nach § 3 Abs. 2 BtMG beim Bundesgesundheitsamt (BGA) einen Antrag auf Sondergenehmigung zur Durchführung eines Heroin-Versuchs bei 100 Abhängigen gestellt. Ein Bescheid des BGA liegt noch nicht vor. Auch Frankfurt möchte – wie Hamburg –, daß nach erfolgreichem Abschluß des Versuchs Heroin in die Anlage 3 BtMG transferiert wird." (Bauer/Bossong 1993, 134).

Der Hamburger und der Frankfurter Weg zur Umsetzung einer Originalstoffvergabe unterscheiden sich in der Formulierung der Zielgruppen und der Behandlungsziele. Über die politischen Implikationen und Realisierungschancen beider Vorgehensweisen läßt sich streiten. Während für den Hamburger Änderungsantrag zum BtMG (BR-DS 296/92) erst Mehrheiten im Bundestag gefunden werden müßten, könnte in Frankfurt das Bundesgesundheitsamt eine Genehmigung erteilen, einen solchen Versuch möglicherweise aber mit einem restriktiven Auflagenkatalog scheitern lassen. Der Hamburger Vorstoß umfaßt auch wissenschaftliche Versuche zur Behandlung von Abhängigkeiten mit anderen Drogen. Wie sehr die Positionen auseinandergehen, dokumentiert die Äußerung des Parlamentarischen Geschäftsführers der CDU/CSU-Bundestagsfraktion Rüttgers, der es als „kollektiven Wahnsinn" bezeichnete, einen Gesetzentwurf mit der Möglichkeit einer ärztlich kontrollierten Abgabe von Heroin an die Bundesregierung zu schicken. Einerseits wolle die SPD Schuß-

waffen verbieten, andererseits solle die „Todeswaffe Heroin" freigegeben werden, kritisierte er in der „Berliner Morgenpost". Gesund-
heitsminister Seehofer (CSU) wertete den Beschluß der Länderkam-
mer als „verantwortungslos gegenüber unseren Kindern" (Spiegel
26/1993, 54)

Darüber hinaus existiert im Entschließungsantrag (BR-DS 582/92)
der hessischen Landesregierung der Vorschlag, einen neuen § 12 a ins
Betäubungsmittelgesetz aufzunehmen, der bestimmte Betäubungs-
mittelabgabestellen vorsieht, in denen an Personen über 18 Jahre, bei
denen nach dem Zeugnis eines Amtsarztes eine Drogenabhängigkeit
vorliegt, Originalsubstanzen vergeben werden können. Dieser Vorschlag läuft auf ein „British Model" hinaus und würde weiter reichen,
als die genannten Vorschläge Hamburgs und Frankfurts – allerdings
sind seine Umsetzungschancen gegenwärtig auch am geringsten.

In eine ähnliche Richtung zielt der Reformvorschlag der „Hessischen
Kommission ‚Kriminalpolitik'" zum Betäubungsmittelstrafrecht
(1992, 253 f.): „Als Ausnahme zum betäubungsmittelgesetzlichen Ab-
gabeverbot ist die kontrollierte, ärztlich indizierte Abgabe von Betäubungsmitteln und Ersatzstoffen an Abhängige durch Gesundheitsäm-
ter und staatlich anerkannte Drogenberatungsstellen zu ermöglichen".

3.2 Verbesserung des Substitutionsangebots

Mit Recht wird in der Diskussion um eine kontrollierte Abgabe von
Heroin darauf hingewiesen, daß vor allem die Substitutionsbehandlung in Deutschland sich noch in einem unbefriedigenden
und entwicklungsbedürftigen Stadium befindet. Seidenberg (1993)
macht in seinem Medizinalisierungsmodell deutlich, daß zunächst
ein nachfragedeckendes Methadonangebot geschaffen werden müßte, bevor Erfahrungen mit der Vergabe von Originalsubstanzen
gesammelt werden sollten. Die Attraktivität der Verschreibung von
Originalsubstanzen liegt für ihn nur in der verbesserten Erreich-
barkeit von KonsumentInnen, die sich bislang nicht von Methadonangeboten, gleich welcher Schwellenhöhe, erreichen ließen.

Wenn auch die rechtlichen Bedingungen für wissenschaftliche
Erprobungsvorhaben mit Heroinverschreibung jetzt auf den Weg ge-
bracht werden sollten, so muß doch gleichzeitig intensiv an einer
Ausweitung der Indikationskriterien (nach den NUB-Richtlinien, die

die Finanzierung durch die Krankenkassen regeln) für eine Substitutionsbehandlung gearbeitet werden. Zwar ist die Substitutionsbehandlung inzwischen durch die NUB-Richtlinien in den Katalog kassenärztlicher Leistungen aufgenommen worden, allerdings nicht als Methode der Wahl bei der Behandlung von Drogenabhängigkeit, sondern als Mittel in der Behandlung von drogenbedingten Sekundärkrankheiten. In den „Genuß" einer Methadon-Behandlung kommen also nur jene, die bereits gesundheitlich stark belastet oder verelendet sind. Die Philosophie des „rock-bottom-point", die man bei der Abstinenzbehandlung für genügend entzugsmotivierend hielt, wird auf die Substitutionsbehandlung übertragen: Erst dem, der ganz unten ist, wird mit Methadon geholfen. Nötig wäre es dagegen, auch Opiatabhängigen Methadon anzubieten, die gesundheitlich noch relativ unbeschadet und sozial noch nicht auffällig sind oder sogar noch über stabile soziale Bezüge verfügen.

Die Interessenvertretung betroffener Drogengebraucher, Junkies, Ex-User, Substituierte (JES), fordert bereits seit langem, daß allein das Vorliegen einer Opiatabhängigkeit als Indikation für die Aufnahme einer Substitutionsbehandlung genügen sollte: „Methadon ist keine Vergünstigung, sondern eine Krankenbehandlung. Statt der Selektion geeigneter Kandidaten aus der Gesamtheit der Abhängigen fordert JES ein Anrecht für jeden auf medikamentöse Behandlung als ein Teil des Gesamtangebotes von Therapien für Drogensüchtige in der BRD" (Hermann 1992, 166).

Viele Faktoren der gegenwärtigen Substitutionsbehandlung sind nach wie vor abschreckend: Sozialmedizinische oder soziale Indikationen zu stellen, bedeutet für jeden substitutionswilligen Arzt, einen hohen bürokratischen Aufwand für ein als sinnvoll und effektiv erachtetes therapeutisches Verfahren zu betreiben und sich stärkerer Kontrolle auszusetzen als bei jeder anderen Krankenbehandlung. Weiterhin bestehen bei vielen Medizinern rechtliche und auch fachliche Unsicherheiten. Dementsprechend gibt es im Bundesgebiet nur eine relativ geringe Zahl von Ärzten, die eine Genehmigung zur Substitutionsbehandlung (nach den NUB-Richtlinien) besitzen: 1.682, d.h. 5,3 % aller Allgemeinärzte und praktischen Ärzte der Kassenärztlichen Vereinigungen Deutschlands (Schmid 1993). Die Zahl tatsächlich substituierender Ärzte dürfte weit geringer liegen, da sich viele Ärzte „vorsorglich" eine Genehmigung haben ausstellen lassen.

Positiv ist allerdings zu vermerken, daß die Substitutionsbehandlung mehr und mehr in die gesundheitliche Regelversorgung durch niedergelassene Ärzte integriert wird – ein langsamer Prozeß nach dem Ende des erbittert geführten Glaubenskrieges um Methadon in Deutschland. Die deutsche Ärzteschaft hat sich in der Drogenhilfe lange abstinent verhalten: Im Gegensatz zu ihren englischen Kollegen hat sie sich bereits frühzeitig auf Drogenabstinenz als Behandlungsziel und stationäre Langzeitbehandlung als Behandlungsmethode festgelegt (vgl. Bossong 1992, 17). Zu hoffen bleibt, daß bald auch die „Sondersprechzeiten" für die teilweise als „nicht wartezimmerfähig" eingeschätzten Patienten entfallen.

Methadon nur in bestimmten, staatlich finanzierten Programmen abzugeben (wie dies etwa im „Wissenschaftlichen Erprobungsverfahren Substitutionsbehandlung" in Nordrhein-Westfalen geschieht), hat zwar zu erhöhter Akzeptanz und fachlicher Sicherheit in der Substitutionsbehandlung geführt. Würde man allerdings aus solchen „Pionierunternehmen" Dauereinrichtungen machen, entließe man die Ärzte aus ihrer Verantwortung und konfrontierte gesundheitliche und vermittelt auch soziale Regeldienste nicht mit dem Phänomen Drogenabhängigkeit. Die Verantwortung und auch die Kosten würden weiterhin auf Spezialdienste und -hilfen abgewälzt, was eine erneute Ausgrenzung Drogenabhängiger aus „normalen" Bezügen bedeutete. Die Vergabe durch niedergelassene Ärzte mit „ergänzenden Methadonprogrammen" zu flankieren (wie in Bremen), die sich nur an eingegrenzte Zielgruppen (Haftentlassene, drogenabhängige Prostituierte) richten, darf nicht darauf hinauslaufen, den Ärzten die Versorgung einer oft als schwierig empfundenen Klientel abzunehmen. Es kann vielmehr nur darum gehen, dringend notwendige, momentan aber nicht durch die NUB-Richtlinien finanzierbare Substitionsbehandlungen (beispielsweise bei sozialer Indikation) durchzuführen.

Mittlerweile zeugen eine Reihe wissenschaftlicher Evaluationsstudien in Deutschland von den positiven Ergebnissen von Substitutionsprogrammen (vgl. MAGS 1993; Bossong/Stöver 1992; Stöver 1991). Darin wird deutlich, daß Substitutionsbehandlungen:

(1) wesentlich zur gesundheitlichen und psychischen Stabilisierung beitragen und vor allem lebenserhaltende Wirkung haben,

(2) die soziale Reintegration unterstützen,
(3) den Herauslösungsprozeß aus der Szene begünstigen,
(4) die Legalbewährung fördern,
(5) den Ausstieg aus der Abhängigkeit begünstigen.

Die Substitutionsbehandlung ist kein Allheilmittel, vor allem dann nicht, wenn gravierende soziale Probleme, etwa Arbeits- oder Wohnungslosigkeit, nicht gelöst werden, aber sie ist eine erfolgreiche Hilfe zur Integration ausgegrenzter Menschen. Umso bedauerlicher, daß die Zugangsschwellen sehr hoch liegen und vorwiegend für bereits Kranke und Verelendete eine Behandlung in Aussicht stellen, sofern andere auf Drogenfreiheit orientierte Behandlungsmaßnahmen nicht gegriffen haben. Die überwiegende Zahl der substitutionswilligen HeroingebraucherInnen bleibt von der Methadonbehandlung ausgeschlossen. Von einer niedrigschwelligen, flexiblen und flächendeckenden Versorgung ist man im Bereich der Substitution noch weit entfernt: Lediglich 4518 DrogengebraucherInnen (also 4,5% bei einer geschätzten Zahl von 100.000 OpiatkonsumentInnen) wurden Anfang 1993 im Rahmen der kassenärztlichen Versorgung mit Levomethadon substituiert (Schmid 1993).
Aus der Sicht der Betroffenen hätte eine bedürfnisadäquate Substitutionsbehandlung folgende Bedingungen zu erfüllen: Hilfeangebot für jeden, der es wünscht (einzige Indikation „Drogenabhängigkeit"), niedrigschwelliger Zugang und Normalisierung der Behandlung. Dazu gehört vor allem auch, den Methadonnehmern die gleiche Eigenverantwortung zu lassen wie Patienten, die andere Medikamente verschrieben bekommen. Zwar gibt es mittlerweile das Angebot sogenannter take-home-Dosen von Levomethadon, aber erst nachdem der Patient eine Bewährungszeit von einem Jahr hinter sich gebracht hat. Wie in anderen Arzt-Patienten-Beziehungen sollte es stattdessen vom Vertrauensverhältnis und nicht von der Entscheidung einer übergeordneten Landesbehörde abhängen, ob Methadon mit nach Hause oder in den Urlaub gegeben wird.
Noch immer führen die umständlichen Vergabemodalitäten dazu, daß der Alltag um die Methadon-Ausgabe herum organisiert werden muß, statt umgekehrt. Starre, weil zentralisierte Prozeduren verhindern geradezu das Ziel sozialer Reintegration. Psycho-soziale Begleitung sollte auf freiwilliger Basis angeboten und nicht verpflich-

tend mit der Substitutionsbehandlung verknüpft werden, da sonst ein Zwangsmechanismus reproduziert wird, der in der Drogenhilfe in den letzten zwanzig Jahren Schaden genug angerichtet hat.

Um eine Gleichstellung der Substitutionsbehandlung mit anderen Hilfsangeboten zu erreichen, ist es nötig, die sogenannte ultima-ratio-Klausel in § 13 Abs. 1 BtMG zu streichen. Gleichzeitig bedarf es einer umfassenden bürokratischen Entrümpelung der Betäubungsmittelverschreibungs-Verordnung (BtMVV), was übrigens auch für die Schmerztherapie gefordert wird (Medical Tribune). Die Vorschläge des Hamburger Drogenbeauftragten zur 5. Betäubungsmittelrechtsänderungsverordnung (BtMÄndV), die von sieben Bundesländern unterstützt werden, enthalten wesentliche Verbesserungen für den Alltag der Substitionsbehandlung – sowohl für den Patienten als auch für den Arzt. Danach darf der Arzt einem Patienten einmal pro Woche ein Rezept über die für bis zu sieben Tage benötigte Menge des Betäubungsmittels aushändigen, wenn der bisherige Therapieverlauf keine Anhaltspunkte für einen Mißbrauch erwarten läßt. Zudem ist an eine Substitutionsbescheinigung gedacht worden, die dem Patienten für längstens 30 Tage erlaubt, sich von seinem Wohnort zu entfernen und einen anderen Arzt aufzusuchen (vgl. Freie und Hansestadt Hamburg 1993).

3.3 Trennung der Märkte

Auf dem Weg zur Legalisierung der Drogen sind Zwischenschritte einer „Liberalisierung" nötig, die einerseits einen Schritt hin zu dem entfernten Gesamtziel darstellen, andererseits in die blockierte Situation Bewegung bringen. Praktisch ist die Entkriminalisierung nur als behutsamer Weg vorstellbar, in einem kontrollierten Rahmen könnte erprobt werden, „inwieweit ergänzend zu den allgemeinen Regelungen des Jugendschutzgesetzes, der Straßenverkehrsordnung und des Arbeitsschutzgesetzes, in deren Regelungsbereich der Umgang mit den neu legalisierten Drogen aufzunehmen wäre, zusätzliche Reglements und Kontrollen auch für die heute schon legalen Drogen sinnvoll und effektiv sein können" (Bauer/Bossong 1992a, 94).

„Trennung der Märkte" bedeutet, daß ergänzend zu einer ärztlich kontrollierten Abgabe harter Drogen (Heroin) Cannabisprodukte durch eine völlige Herausnahme aus den Anlagen zum Betäubungsmittelgesetz oder durch eine großzügige Anwendung des Opportunitätsprinzips legalisiert beziehungsweise leicht zugänglich gemacht werden. Die hessische Landesregierung hatte im Bundesrat einen Entschließungsantrag (BR-DS 582/92) eingebracht, der eine Herausnahme von Cannabis-Produkten aus dem Betäubungsmittelgesetz vorsieht. Herstellung, Ein- und Ausfuhr, Handel, Besteuerung, Jugendschutz, Werbeverbot und Sanktionen gegen Zuwiderhandlungen sollen in Anlehnung an das Branntweinmonopolgesetz geregelt werden. Der Antrag wurde inzwischen zurückgenommen, um einer formalen Ablehnung im Bundesrat zuvorzukommen.

Dieser Vorstoß beruhte auf dem Reformvorschlag der „Hessischen Kommission ‚Kriminalpolitik'" zum Betäubungsmittelstrafrecht (1992, 254), der die Herausnahme von Cannabisprodukten aus der Anlage 1 des Betäubungsmittelgesetzes als ersten Schritt einer Zurücknahme des Strafrechts aus der Drogenkontrolle empfahl: „Die Entkriminalisierung von Cannabisprodukten kann als Erprobungs- und Erfahrungsphase verstanden werden, um großflächig die Folgen erweiterter Drogenfreigabe zu überprüfen und rechts- wie sozialpolitisch zu bewerten. Der Markt, d.h. die Handels- und Vertriebsstrukturen, könnte beobachtet und überwacht, ggfs. auch durch staatliche Eingriffe reglementiert werden. Veränderungen im Konsumverhalten der Bevölkerung, insbesondere unter Jugendlichen, könnten ermittelt und durch Image-manipulation (negative Werbung) beeinflußt werden. Schließlich müßte eine solche Erfahrungsphase durch intensive Wirkungsforschung in sozialer, medizinischer, kriminologischer und strafjustitieller Hinsicht begleitet werden. Von der Entkriminalisierung unberührt bliebe die Strafbarkeit von Kraftfahrern, die in Folge des Genusses von Cannabisprodukten fahruntauglich sind. Denn die einschlägigen §§ 315c, 316 StGB differenzieren nicht danach, ob die Fahruntauglichkeit auf der Einnahme verbotener oder erlaubter Rauschmittel beruht."

Bauer/Bossong (1992a, 93 f.) schlagen darüber hinaus vor, zusätzlich eine Droge aus dem Strafrecht herauszunehmen (etwa Kokain), „deren Verbreitung derzeit noch gering ist und bei der man die Frage untersuchen kann, ob durch frühzeitigen Sanktionsverzicht die bei anderen Drogen bekannten gravierenden Folgeschäden (Schwarzmarkt, exzessiver und unsachgemäßer Gebrauch, psychosoziale Verelendung, soziale Ausgrenzung usf.) vermieden werden können."

Die aus dem BtMG herausgelösten Stoffe könnten in eine neu zu schaffende Anlage 5 aufgenommen werden, in der sie bestimmten Kontrollen bezüglich Anbau, Einfuhr, Vermarktungsform, Qualität und Werbung unterworfen blieben.

3.4 Ausdehnung des Opportunitätsprinzips

Möglichkeiten, Opportunitätserwägungen in der Justizpraxis umzusetzen, bot bereits das alte Betäubungsmittelgesetz (§ 29, Abs. 5). Danach konnte der Richter in der Hauptverhandlung ein Verfahren einstellen, wenn es sich um Delikte mit einer „geringen Menge" zum Eigenverbrauch handelte und eine Verfolgung von geringem öffentlichen Interesse war (§ 153, 153 a StPO). Die Auswertung von BtM-Entscheidungen der Jahre 1985–1987 (BIFOS) zeigt, daß in den einzelnen Bundesländern von diesem § 29, Abs. 5 unterschiedlicher Gebrauch gemacht wurde (Nord-Süd-Gefälle), da erhebliche Differenzen darüber bestanden, was als „geringe Menge" zu interpretieren ist. Mit dem neu ins BtMG aufgenommenen § 31 a kann nun bereits auf der staatsanwaltschaftlichen Ermittlungsebene ein Verfahren – vornehmlich „Konsumdelikte" – eingestellt werden. Dies verlagert möglicherweise die ungleiche Einstellungspraxis auf die staatsanwaltschaftliche Ebene vor, weil das Gesetz nicht definiert, was als „geringe Menge" zu gelten hat. Diese Neuregelung schafft keine Rechtssicherheit und bietet keine Garantie für ein Nachlassen des polizeilichen Verfolgungsdrucks. Das beste Beispiel dafür liefert eine Verfügung der Bremer Oberstaatsanwaltschaft, die verfügt, von dieser entkriminalisierenden Möglichkeit keinen Gebrauch zu machen, um das repressive Vorgehen der Polizei vor Ort („Zerschlagung der offenen Szene", „Auflösung des Drogenstrichs") nicht zu unterminieren. Welcher Polizist würde schließlich noch an den Sinn und Zweck von Platzverweisen, Durchsuchungen, Verhaftungen glauben, wenn bei den Staatsanwaltschaften die vorgeführten Bagatelldelikte sofort wieder eingestellt würden. Dieses Instrument ist geradezu ein klassisches Beispiel dafür, wie justitielle Neuregelungen zur Entkriminalisierung aktuellen politische Interessen untergeordnet werden. Andererseits erlaubt diese Einführung des Opportunitätsprinzips, daß die Handlungsspielräume von einzelnen Landesregierungen offensiv genutzt werden. So hat zum Beispiel die Landesregierung

Schleswig-Holsteins am 12. Mai 1993 eine Richtlinie zu Verfahrenseinstellungen bei Drogenstraftaten beschlossen, die Polizei und Staatsanwaltschaft konkrete, landesweit einheitliche Angaben darüber an die Hand geben, was als Eigenbedarfsmenge zu gelten hat. Nach dieser Richtlinie stellt die Staatsanwaltschaft Strafverfahren auch in Wiederholungsfällen ein, wenn die Menge bei Cannabisprodukten (mit Ausnahme von Haschischöl) 30 Gramm, bei Kokain und Amphetaminen fünf Gramm und bei Heroin ein Gramm Bruttogewicht nicht überschreitet (vgl. Landesregierung 1993).

Diese Regelung könnte ein erster Schritt sein, die von der Landesregierung Schleswig-Holstein vorgeschlagenen Mengenangaben ähnlich dem holländischen Vorbild im Gesetz zu verankern. In den Niederlanden erhielt Cannabis – aus pragmatischen Gründen – 1976 eine Sonderstellung, um spürbare Entlastung für die KonsumentInnen und die Justiz zu bringen. Besitz von bis zu 30 g Cannabis wurde zu einer Übertretung mit einer Höchststrafe von einem Monat zurückgestuft. Ähnliches ließe sich auch durch Festlegung konkreter Mengenangaben für andere Drogen klären. Dies könnte zur Rechtssicherheit sowohl der Justiz- und Strafverfolgungsbehörden als auch der Konsumenten beitragen und bei ihnen ein gelasseneres Umgehen mit kalkulierten Mengen unterstützen. Möglich wäre auch hier die Tolerierung von bestimmten Orten, an denen lediglich mit kleinen Mengen (bis 50 g) gehandelt oder umgegangen wird.

3.5 Herauslösung einzelner Straftatbestände aus dem Strafrecht

Zusätzlich zu großzügigen Mengenfestschreibungen im Rahmen des § 31 a schlägt Scheerer (1992, 23) vor, „in einem ersten Schritt den § 29 BtMG so zu reduzieren, daß mit Freiheitsstrafe nur bedroht wird, wer die verbotenen Drogen in nicht geringen Mengen ohne Erlaubnis anbaut, herstellt oder mit ihnen Handel treibt. Soweit dies in geringen Mengen geschieht, könnten diese Handlungen als Ordnungswidrigkeiten eingestuft werden. Wer hingegen diese Substanzen, ohne Handel zu treiben, einführt, ausführt, abgibt, veräußert, erwirbt, besitzt, der sollte – ganz entgegen dem gegenwärtigen Gesetzeswortlaut und der aktuellen Verfolgungspraxis – gänzlich straffrei gestellt werden (…) Damit wäre die Konsumsphäre in Bezug auf alle heute verbotenen Drogen von staatlicher Bevormundung und Diskriminierung befreit. Alle Konsumenten wären nicht mehr der Vielleicht-Vielleicht-Auch-Nicht-Willkür einer staatsanwaltschaftlichen Einstellungsverfügung ausgeliefert, sondern wirklich ‚entkriminalisiert'." Geringe Mengen zum Eigenverbrauch müßten bei diesem Vorschlag allerdings eindeutig festgelegt werden (vgl. auch: Bossong/Bauer 1992; Bürgerschaft 1991).

Anhand einer Analyse der richterlichen BtM-Entscheidungen der Jahre 1985–87 läßt sich ablesen, daß von dieser Entkriminalisierung ein erheblicher Teil der Verurteilten profitieren würde. Allerdings wären auch hier klare Mengenangaben vonnöten, um nicht ständig ein bundesrepublikanisches Nord-Süd-Gefälle zu reproduzieren.

Körner (1992, 44) weist ebenfalls auf verschiedene Möglichkeiten hin, Strafvorschriften herabzustufen: Behandlung des Umgang mit weichen Drogen als Ordnungswidrigkeit, Senkung des Strafrahmens und vor allem Streichung von Strafvorschriften, die sich in der Vergangenheit als untauglich oder sogar kontraproduktiv erwiesen haben. Dabei wäre an erster Stelle die „Kronzeugenregelung" (§ 31 BtMG) zu nennen, um weitere Entsolidarisierungen durch gegenseitigen Anzeigen innerhalb der kriminalisierten Drogenszene zu verhindern.

Mit einem Gesetzesantrag im Bundesrat (21.1.1993, Drucksache 58/93) will das Land Rheinland-Pfalz den Umgang mit kleineren Mengen Cannabis entkriminalisieren und schlägt vor, Handlungen, die sich auf bis zu 20 g Haschisch und 100 g Cannabis beziehen, als Ordnungswidrigkeit einzustufen. Diese soll mit einer Geldbuße bis zu fünftausend Mark geahndet werden können. Eine solche Regelung wäre ein erster Schritt in Richtung Differenzierung der Märkte und Entkriminalisierung der Konsumenten. Problematisch ist es allerdings, dies nicht grundsätzlich für alle sogenannte Konsumentendelikte, also alle Drogendelikte zur Deckung des Eigenbedarfs, vorzusehen. Die ersten Schritte zu einer effektiven Entkriminalisierung müßten jene etwa 80 % der Verurteilten betreffen, die wegen „allgemeiner Verstöße" gegen das BtMG vor Gericht gestellt werden.

3.6 Abschaffung des Behandlungsteils des Betäubungsmittelgesetzes

Die Verquickung von Strafe und Therapie in den Paragraphen 35 ff. BtMG, mithin die Integration der Therapie in die Strafvollstreckung, in der Novellierung des BtMG 1981 ist bereits bei ihrer Einführung auf erhebliche Kritik der Fachöffentlichkeit gestoßen. Therapie, die Mündigkeit und Entscheidungsfähigkeit des Drogengebrauchers verneint, die in unheilvoller Allianz mit der Strafjustiz „in den besten Absichten" mit Konzepten des „helfenden Zwangs" und des „Leidensdrucks" versucht, das dogmatisch festgehaltene Ziel der Drogenabstinenz zu erreichen, hat ihre Glaubwürdigkeit eingebüßt. Das mittlerweile europaweit postulierte Ziel, Abhängige unter dem Motto „Therapie statt Strafe" einer Behandlung zuzuführen, muß unter Prohibitionsbedingungen verkommen zu einer „Therapie als Strafe" (Scheerer) oder „Therapiestrafe" (Eisenbach-Stangl), die zudem die in sie gesetzten Erwartungen in keiner Weise erfüllt hat: Behandlungsauflagen wie im § 35 BtMG sind eher dazu geeignet, Veränderungsprozesse der Drogengebraucher zu verhindern und drogale Identitäten zu verstärken (Weber/Schneider 1992). Die Behandlungsparagraphen machen eine Abgrenzung zwischen Drogenhilfe und Justiz immer schwieriger.

Auch im Therapiebereich müßte also die Sonderregelung aufgehoben werden, was nur über eine generelle Abschaffung des gesamten 7. Abschnitts des Betäubungsmittelgesetzes geht. Statt der Vollstreckungslösung nach § 35 BtMG sollte verstärkt auf die im „normalen" Strafrecht angelegten Möglichkeiten des Aussetzens einer Strafe zur Bewährung (gemäß §§ 57, 57 StGB) zurückgegriffen werden (vgl. FDR 1989; Bürgerschaft 1991). Kritiker haben immer wieder darauf hingewiesen, daß Bewährungsstrafen flexiblere und vor allem ambulante Hilfen gewährleisten können als die gegenwärtige Koppelung mit einer stationären Langzeittherapie ermöglicht. Die Abschaffung des gesamten Behandlungsteils, den viele Drogengebraucher während ihrer Karriere rituell und periodisch als modifizierte Strafverbüßung wahrgenommen haben, würde die Chancen bieten, daß Attraktivität, Reichweite und Effizienz drogentherapeutischer Angebote wieder erhöht werden.

4. WELCHEN BEITRAG KANN DIE DROGENHILFE BEREITS JETZT FÜR DIE INTEGRATION DER DROGENGEBRAUCHER LEISTEN?

Vordringliche Ziele der dringend notwendigen drogenpolitischen Veränderungen sollten sein,

(1) einen möglichst risikoarmen, selbstbestimmten Drogengebrauch zu stützen,

(2) adäquate, an den Bedürfnissen orientierte gesundheitliche und soziale Hilfen für abhängig gewordene Konsumenten zu entwickeln,

(3) die gesellschaftliche Integration und Akzeptanz aller Drogengebraucher zu fördern.

Diese Ziele müssen erstritten werden, ohne politischen Druck auf die Verantwortlichen wird sich nichts verändern. Gleichzeitig jedoch muß auch die öffentliche Wahrnehmung von Drogengebrauchern verändert, ein differenziertes Bild ihrer Wirklichkeit gezeichnet werden. Diese kognitiven und emotionalen Veränderungsprozesse zu initiieren, ist eine wesentliche Aufgabe der Betroffenen und der in der Drogen- und AIDS-Hilfe Beschäftigten. Beide Gruppen besitzen detaillierte Kenntnisse über differenzierte Gebrauchsmuster, Lebensentwürfe und sozial- und gesundheitspolitische Bedürfnisse der Konsumenten. Gleichzeitig wissen sie am besten, welche Kriminalisierungseffekte für den Konsumenten bestehen, die nicht mehr durch die Drogenhilfe zu kompensieren sind, sondern die Erfüllung ihrer originären Aufgabe behindern.

Wie wichtig es ist, eine drogenpolitische Gegenöffentlichkeit herzustellen, Meinungsführer zu gewinnen, zeigt die Analogie zum Bereich der Homosexualität, auf die Bossong (1990) hinweist. Hier wurde die Entkriminalisierung als erster Schritt zu einer Entdiskriminierung entscheidend dadurch möglich, „daß in der öffentlichen Meinung ein Wandlungsprozeß forciert wurde, in dem anerkannte Meinungsführer das Festhalten an der herrschenden Diskriminierung als altmodisch, dem Zeitgeist widersprechend und im Grunde hypermoralisch, wenn nicht oft sogar doppelbödig diskreditiert haben" (Bossong 1990, 11).

Im folgenden geht es um symbolische Drogen-(Politik) und -arbeit und exemplarische Angebote, die wegweisend für einen Ausstieg aus der Kriminalisierung einen Ausbruch aus dem Gedankengefängnis sein könnten:

4.1 Drogenpolitische Bewußtseinsbildung: Demystifizierung

Das öffentliche Fixerbild ist ein Produkt aus Mythen und Halbwissen über die pharmakologische Potenz, Wirkung und Gefährlichkeit von

Drogen, über ihre Konsumenten, deren konkreten Lebensumstände und die Drogenhändler. Strukturierendes Element dieses weit verbreiteten Bildes ist die Wahrnehmung des Drogengebrauchers als Objekt: Opfer der Händler, Sklave der Droge, der nur mit professioneller Hilfe aus der Einbahnstraße Sucht wieder herauskommt. KonsumentInnen von Opiaten, zuweilen auch von Kokain, vor zehn Jahren noch von Cannabis werden unabhängig ihres Konsummusters stets als „abhängig" oder „krank" eingestuft, und daraus wird selbstverständlich der Anspruch an eine Verhaltensänderung und radikale Änderung des Lebensstils abgeleitet.

Die Drogenhilfeeinrichtungen haben in den vergangenen zwanzig Jahren an der Aufrechterhaltung dieses Mythos vom Opfer und Objekt therapeutischer Begierde mitgewirkt, indem sie „Nachsozialisation", „Nachreifung" vom Drogenkonsumenten forderten und damit eine Entmündigung der Drogengebraucher verstärkt haben. Das Theorem des „Leidensdrucks", wonach der Abhängige erst ganz weit unten sein sollte (und von allen Beteiligten auch dorthin gebracht werden durfte), bevor er therapiemotiviert war, spielt in diesem Zusammenhang eine wichtige Rolle.

Dieses Bild vom Drogengebraucher gilt es zu korrigieren, sowohl in der allgemeinen Öffentlichkeit als auch in der Fachwelt. Neue Erkenntnisse stellen traditionelle suchttheoretische Annahmen in Frage: Gibt es einen kontrollierten Gebrauch von Opiaten, Kokain ebenso wie von Alkohol oder Cannabis? Gibt es den selbstinszenierten Entzug und Entwöhnung und wenn ja, wie oft, und wie kann man ihn unterstützen? Gibt es Verhaltensänderungen angesichts der HIV-Infektionsgefahr?

Der Begriff der Abhängigkeit ist als Sammelbegriff für ein bestimmtes Verhalten unbrauchbar geworden, weil er negativ, ausgrenzend und stigmatisierend wirkt. Es sollte eine Einordnung in unsere Alltagsabhängigkeiten erfolgen, die wir in der Regel legal befriedigen können. Anzustreben ist, die allgemein verbreitete Dämonisierung illegaler Drogen aufzuheben, die Hysterie über das vermeintlich Exotische der Lebensentwürfe zu dämpfen und Verständnis und Akzeptanz für die „ganz normalen" sozialen Nöte einer gesellschaftlich in hohem Maße ausgegrenzten Gruppe mit einem anderen Lebensstil und Wertekonzept zu wecken. Es gilt zu zeigen, daß Drogengebraucher auch bei Abhängigkeit (etwa bei guter Versorgung mit Heroin oder guter Substitutionsbehandlung) sozial unauffällig und integriert leben können und daß die Verelendung nicht der Droge inhärent, sondern kontrollinduziert ist.

Auch die Drogenhilfe kann nach zwanzigjähriger Dominanz und Strukturierung durch die Vorgaben des Strafrechts nicht mehr suggerieren, eine „friedliche Koexistenz" von Repression und Hilfe sei möglich. Diese Fiktion ignoriert die alltägliche Unterminierung von Hilfsangeboten und mühsam aufgebauten Vertrauensverhältnissen durch die Verquickung von Strafe und Therapie. Von der Öffentlichkeit wird diese entweder nicht wahrgenommen oder ausdrücklich gutgeheißen. So wird gefordert: Drogenarbeit solle auffangen, Zugangsschwellen abbauen, sichtbares Elend beseitigen, Probleme bewältigen und Not kompensieren. Es kommt also darauf an zu vermitteln, daß unter Bedingungen der Prohibition das gesundheitliche und soziale Elend weder von Therapeuten/Beratern noch durch die Polizei (auch nicht mit noch mehr Personal und Ressourcen) und auch nicht durch Angebote niedrigschwelliger Drogenarbeit zu lösen ist. Drogenverbot und strafrechtliche Verfolgung produzieren vielmehr einen großen Teil der individuellen und gesellschaftlichen Probleme, die sie lösen zu wollen vorgeben.

4.2 Enttabuisierung und symbolische Drogenarbeit

Strafrechtliche Mittel – seien sie auch noch so martialisch – besitzen offenbar einen relativ unbedeutenden Einfluß auf das Ausmaß (nicht auf die Form) des Gebrauchs illegaler Drogen: Verbotene Drogen werden verkauft, weil eine Nachfrage nach ihnen besteht. Ein dichtes Netz von Händlern und Kleinverkäufern hat sich um die Strafverfolgung herum gelegt, wird durch diese zusammengehalten und verfeinert. Nach zwanzig Jahren Realitätsflucht sollten die Lebens- und Konsumbedingungen der Drogengebraucher endlich ernstgenommen werden.

Darum ging es bei den Diskussionen um eine verbesserte Drogenhilfe, die in den letzten Jahren unter dem Stichwort Akzeptanz geführt wurden. Die Sucht wird akzeptiert: Soziale und gesundheitliche Hilfen sollen entwickelt und bereitgestellt werden, ohne ihre Inanspruchnahme an eine Verhaltensänderung (etwa Drogenfreiheit) zu koppeln. Doch Akzeptanz meint noch mehr: In einer sozialpolitischen Stoßrichtung geht es auch darum, die Notwendigkeit und Möglichkeit des Leben-Könnens *mit* Drogen (auch mit Opiaten) aufzuzeigen. Bis vor wenigen Jahren dominierte die Vorstellung, Drogenfreiheit sei das von jedem Drogengebraucher zu fordernde Ziel. Der Anspruch auf gesundheitliche und soziale Hilfen trotz Abhängigkeit (sterile Spritzen, Substitutionsbehandlung, Hepatitisschutzimpfungen) und ohne diese beenden zu wollen, war lange tabuisiert. Fachlich und politisch wurde er als „Kapitulation" oder „Komplizenschaft mit der Sucht" abqualifiziert und wird es in einigen Bundesländern auch heute noch. Angebote, die auf diesen akzeptierenden Prämissen gründeten, nahmen den Drogenkonsum als gegeben und vom Konsumenten gewollt hin und versuchten, die unter prohibitiven Bedingungen notwendigerweise auftretenden gesundheitlichen oder sozialen Schäden zu minimieren („harm reduction"). Diese Enttabuisierung, die auch eine stärkere öffentliche Auseinandersetzung mit den Lebens- und Konsumbedingungen der Gebraucher erreicht hat, ist auch weiterhin dringend erforderlich.

In einigen Städten hat man begonnen, mit der Bereitstellung von Räumlichkeiten, in denen ein stressarmer, hygienischer und würdiger Drogengebrauch stattfinden kann, sowie mit der Vergabe gesundheitsfördernder Materialien die miserablen und aus AIDS-präventiver Sicht bedenklichen Lebens- und Konsumbedingungen abhängiger Drogengebraucher zu verbessern (vgl. zur Übersicht: Stöver 1991). Körner (1993) kommt bei seinem Rechtsgutachten zu dem Schluß, daß die Einrichtung und Unterhaltung solcher „Gesundheitsräume" weder gegen das Betäubungsmittelgesetz, Strafgesetz noch gegen die relevanten internationalen Abkommen verstößt, „sofern der Erwerb, der Handel und die Abgabe in diesen Räumen nicht geduldet wird und durch Sorgfalt, Kontrolle und Fürsorge für einen hygienischen, streßfreien, risikomindernden Konsum Sorge getragen wird" (Körner 1993, 19).

Zu einem rationalen und enttabuisierenden Umgang gehört auch, Regeln für einen risikoarmen Drogengebrauch zu verbreiten; dies hat etwa die Gruppe JES (1990) mit der Aufstellung von zehn Geboten für einen „safer use" getan, die Risiken für den Opiatgebrauch nüchtern ansprechen und aufklärend reduzieren helfen.

Denkbar wäre es (in Kooperation mit der Polizei) bereits jetzt, Untersuchungsergebnisse beschlagnahmter Drogen bekanntzugeben, um vor Beimengungen (lebens-)gefährlicher Streckmittel zu warnen. Obwohl diese Ergebnisse teilweise erst Wochen nach der Beschlagnahmung vorliegen, kann damit gleichwohl ein grober Trend abgegeben werden. Präziser ließe sich das Alltagswissen der Drogengebraucher nutzen, indem man veröffentlicht: Dieser Dealer verkauft „korrekte Ware", ein anderer „gepanschte Schore" (vgl. Schneider 1991).

Ein großer Teil der sogenannten Drogentoten stirbt nach einem Entzug und längerer Phase der Abstinenz während der Therapie oder in der Haft. Während dieser Abstinenzphasen wird in der Regel die Möglichkeit eines erneuten Drogenkonsums mit den entsprechenden Gefahren tabuisiert, um den Behandlungserfolg nicht zu gefährden oder Gefangene nicht schon in der Haft zum Drogenkonsum zu ermuntern. Statt dessen sollte man die Wahrscheinlichkeit erneuten Drogenkonsums unmittelbar nach Haft- oder Therapieentlassung in die Beratungs- und Behandlungsarbeit mit einbeziehen. Eine aktive Auseinandersetzung beispielsweise durch ein schadensminimierendes „Safer-use-Training" kann einen sinnvollen Beitrag zur Sicherung des Überlebens und zur Entwicklung möglichst risikoarmer Konsumformen darstellen (Heudtlass 1991, 157; 1993). Heudtlass (1991) betont, daß in der AIDS-Prophylaxe und in der Vorsorge vor risikoreichen Konsumformen Selbsthilfepotentiale aktiviert werden können, etwa in der Beantwortung folgender Fragen: „Wenn ich schon weiter konsumiere, wie versorge ich vorhandene Wunden, wie pflege ich meine Venen, wie leiste ich Erste Hilfe, wenn mein Mitkonsument nach Barbituratkonsum krampft, wie gehe ich mit dem ‚shake' konsumbelastender Beimengungen um? Was kann ich tun, wenn es zu Atemdepression kommt? Wie wird Spritzenbesteck tatsächlich verläßlich gereinigt?"

Trotz aller Expertenempfehlungen (z.B. AIDS-Enquete-Kommission 1990, 279) und bekanntermaßen hoher Infektionsrisiken für drogenkonsumierende Gefangene (Kleiber/Pant 1991; Koch 1991) werden instrumentelle HIV/AIDS-präventive Angebote im Strafvollzug nicht bereitgestellt: weder erfolgt eine Vergabe von sterilen Spritzen, noch von Desinfektionsmitteln (bleach) mit Gebrauchsanleitung für eine zuverlässige Reinigung der Spritzen.

An dieser zentralen Frage kann die Glaubwürdigkeit der HIV/AIDS-präventiven Politik überprüft werden: Gilt intravenöser Drogenkonsum in der Haft nach wie vor als Tabu, oder beginnt man endlich zu akzeptieren, daß der Strafvollzug keine sexual- und drogenfreie Zone darstellt. Rechtliche Hindernisse stehen einer Spritzenvergabe spätestens seit der Novellierung des BtMG nicht mehr im Weg; es liegt die Vermutung nahe, daß eine effektive AIDS-Prävention im Strafvollzug zum gesundheitspolitischen Tabuthema geworden ist, zu Lasten der Gefangenen ohne politische Lobby (vgl. Stöver 1993).

5. ANTIPROHIBITIVE POLITIK

Die 1993 erfolgte Ratifizierung des Wiener „Übereinkommens der Vereinten Nationen gegen den unerlaubten Verkehr mit Suchtstoffen und psychotropen Stoffen" aus dem Jahre 1988 durch Bundestag und Bundesrat zeigt noch einmal deutlich, daß mit der Übernahme internationaler, umfassend strafrechtlich orientierter Drogen"kontrolle" kein Ausscheren aus der weltweiten Prohibitions-Koalition geplant ist. Der „war on drugs" wird auch in den nächsten Jahren geführt und nicht gewonnen werden.

Trotz dieses mächtigen internationalen Konsenses und der Bemühungen zur Vereinheitlichung der Prohibitionspolitik gehen einige Staaten doch andere Wege: In den Niederlanden ist Cannabis allgemein zugänglich. Wer will, kann es zumindest in den Großstädten problemlos konsumieren. Auch Großbritannien schert mit der Verschreibung von Originalsubstanzen aus der internationalen Koalition der Drogenkrieger aus. An diesen Beispielen läßt sich ansetzen, wenn es um Vorbilder einer anderen Drogenpolitik geht. Je länger diese Beispiele existieren und funktionieren, desto „normaler" werden sie. Vor allem schaffen sie Kontraste im Kontrollgefälle und stellen die Prohibition unter Legitimationsdruck.

Befindet sich der Drogenkrieg bereits in seiner Endphase? Diese Auffassung vertritt etwa Rüter (1990, 35 f.), Professor für Straf- und Prozeßrecht an der Universität Amsterdam:

> „Wie in jedem Krieg sehen wir auch hier die für eine solche Endphase typische Spaltung zwischen Führung und Geführten. Die beiden Gruppen bewegen sich auf verschiedenen Gleisen und fahren des öfteren in entgegengesetzte Richtungen. Auf dem höchsten Niveau, ich denke an die Regierungschefs und die Vereinten Nationen, schieben Generäle nicht mehr existierende Divisionen herum; man sucht vergebens nach

Wunderwaffen und versucht, mit immer neueren und immer drakoni-
scheren Gesetzen gegen den Drogenhandel die Kriegschancen zu wen-
den. Ein Niveau tiefer herrscht Zynismus und noch weiter unten laufen
die Soldaten einfach davon, weil sie diesen Krieg nicht mehr mitmachen
wollen. Im Drogenkrieg sind das zum Beispiel Landesregierungen, Teile
der Ministerialbürokratie, des Gefängniswesens, der Justiz und der Polizei. Denn gerade diesen Fachleuten wird immer klarer, die strafrechtliche Drogenbekämpfung ist so pleite wie die Wirtschaftspolitik des real
existierenden Sozialismus. Diese Lage ist, wie jede Endphase eines Krie-
ges, übrigens nicht ungefährlich. Denn wir werden von den heutigen
Feldherren des Drogenkrieges wahrscheinlich noch einiges erwarten
können, bevor sie abtreten."

Eine entgegengesetzte Einschätzung äußert Szasz (1988): „the war on
drugs is the longest, most protracted formally declared war of this turbu-
lent century ... – and its end is nowhere in sight. Indeed, because this war
is a war on human desire, it cannot be won in any meaningful sense of
that term."

Dagegen muß drogenpolitischer Widerstand „von unten" organisiert
werden. Dabei reicht es nicht aus, auf einer normativen Ebene zu ver-
harren und, selbst moralisierend, die Doppelmoral der selektiven
Drogenprohibition anprangert: Das „Drogenelend" ist mittlerweile zu
einer Selbstverständlichkeit geworden, mit der gelebt wird. Die Bedürfnisse und Interessen der Betroffenen werden weitgehend ignoriert. „Erst wenn *andere* Interessen auch betroffen sind, die jeweils
ihren Nutzen aus einer *anderen* Drogenpolitik erkennen können,
steigt die Wahrscheinlichkeit, daß Änderungen politisch durchsetzbar
sind" (Raschke 1993, 30). Demgemäß müssen auch die nicht-inten-
dierten und kontraproduktiven Folgen der Kriminalisierung heraus-
gearbeitet werden, die für Anwohner, Eltern, Städte, Justiz, Polizei
(vgl. Haas 1993) und Gesundheitsbehörden spürbar sind und deren
Interessen und Bedürfnissen zuwider laufen. So bewertet beispielsweise die Polizei die Einführung des § 31a BtMG, der die Verfolgung
von Konsumdelikten der Entscheidung der Staatsanwaltschaft unterstellt, deshalb positiv, weil die Strafverfolgungsbehörden entlastet
werden und die knappen Ressourcen gebündelt zur Bekämpfung der
organisierten Rauschgiftkriminalität eingesetzt werden können.
Drogenpolitischer Widerstand ist also zu erwarten:

(1) Von der mittelbar und unmittelbar von Betroffenen (JES, Junkie-
Bünden), Unterstützern (MitarbeiterInnen in der Drogen- und AIDS-
Hilfe), (prominenten) Sympathisanten: Hier geht es vor allem um

eine organisierte Skandalisierung des drogenpolitischen Fiaskos. Dies könnte beispielsweise über die Gewinnung von Prominenten geschehen, die sich zum Gebrauch heute illegaler Drogen bekennen, statt ihn öffentlich zu bereuen, und offen für die Aufhebung der Prohibition eintreten.

(2) Von theoretischen und wissenschaftlich fundierten Gegenmodellen zur strafrechtlich orientierten Drogenkontrolle. Hier liegen bereits verschiedene detaillierte Vorschläge zum Umbau des Sonderstrafrechts Betäubungsmittelgesetz vor, die allerdings zusammengeführt werden sollten:

Die „Niedersächsische Kommission zur Reform des Strafrechts und des Strafverfahrensrechts" hat in einem Abschnitt zur „Reform des Betäubungsmittel-Strafrechts" (Albrecht u.a. 1993) Position bezogen und die Forderung nach Entkriminalisierung des Erwerbs, Besitzes und Handels sogenannter weicher Drogen aufgestellt, soweit es sich um Mengen zum Eigenkonsum handelt. Ein Teil der Kommission plädiert für die Gleichstellung heute illegaler Drogen mit legalen wie Alkohol und Nikotin, verbunden mit entsprechenden staatlich konzessionierten und kontrollierten Regelungen des Drogenhandels.

Die „Hessische Kommission ‚Kriminalpolitik'" hat ebenfalls Entkriminalisierungsvorschläge zum Betäubungsmittelstrafrecht erarbeitet (Strafverteidiger 5/92). Sie sehen erstens eine staatlich kontrollierte Drogenabgabe als gesundheitspolitische Intervention, zweitens die personenbezogene Entkriminalisierung harter Drogen und drittens eine spezifische Entkriminalisierung weicher Drogen vor.

(3) Von den mittelbar „Betroffenen": den Städten Europas. Hier hat es seit 1990 eine dezentrale „Städtebewegung" gegeben, die 1990 die „Frankfurter Resolution" verabschiedet hat, die mittlerweile von mehr als 15 Städten unterzeichnet wurde. Diese Resolution sieht einen Rückzug des Strafrechts auf der Ebene der Konsumenten, die Entkriminalisierung von Cannabis sowie der Vergabe von Heroin vor. Hier wird „von unten" ein Programm formuliert, das konträr zu den Positionen nationaler und internationaler Gremien steht, gleichwohl aber die Notwendigkeit unmittelbar erlebter Ohnmacht repressiven Vorgehens und Verelendung vor Ort widerspiegeln.

In diesem Zusammenhang sind auch die Interessen von Anwohnern zu nennen, deren Belastung durch Polizeieinsätze, Drogenstrich, offene Szenen auf Dauer nicht allein mit nur noch umfassenderer Repression zu befriedigen sind.

Scheerer (1993) macht darüber hinaus deutlich, daß eine „tatkräftige und hochprofessionelle Lobby-Organisation" aufgebaut werden müßte, die auf Wahlkandidaten aber auch mit „präzise formulierten Verordnungs- und Gesetzentwürfen in den parlamentarischen und ministerialbürokratischen Raum" hineinwirkt. Beispielhaft für eine solche Lobby-Organisation könnte die „Eidgenössische Volksinitiative für eine vernünftige Drogenpolitik" in der Schweiz sein, die eine Legalisierung von Drogen in der Schweiz zur Volksabstimmung stellt. Dort will man mit 100.000 Unterschriften bis Ende 1994 die Volksbefragung 1996/97 einleiten. Die Schweizer Bundesverfassung soll u.a. um neue Artikel mit folgenden Inhalten ergänzt werden:

Der Konsum von Betäubungsmitteln sowie ihr Anbau, Besitz und Erwerb für den Eigenbedarf sind straffrei.
Der Bund erläßt Vorschriften über Anbau, Einfuhr, Herstellung von sowie den Handel mit Betäubungsmitteln.
Die Bundesgesetzgebung regelt die Erteilung von Konzessionen unter spezieller Berücksichtigung des Jugendschutzes, Werbeverbot und Produktinformation. Betäubungsmittel, welche aus nichtmedizinischen Gründen konsumiert werden, unterstehen keiner Rezeptpflicht. Die Gesetzgebung regelt die fiskalische Belastung der Betäubungsmittel, wobei der Reinertrag je zur Hälfte an Bund und Kantone geht. Sie legt fest, welcher Mindestanteil für die Vorbeugung des Betäubungsmittelmißbrauchs, die Erforschung seiner Ursachen und die Linderung seiner Folgen zu verwenden ist (vgl. Eidgenössische Volksinitiative 1993).

Ausdrücklich wird in diesem Abstimmungstext der medizinische Filter vor der Zugänglichkeit herausgenommen (keine Rezeptpflicht). Statt dessen ist ein Staatsmonopol für die Produktion und den Vertrieb von Drogen vorgesehen (vgl. Kraushaar 1993).

6. INTERNATIONALE VERPFLICHTUNG ZUR PROHIBITION?

In den meisten Diskussionen zur Legalisierung taucht irgendwann der Hinweis auf Bindungen aufgrund internationaler Vertragsverpflichtungen auf. Dabei geht es zum einen um die „Single Convention on Narcotic Drugs" vom 30.3.1961, das Einheitsübereinkommen über Suchtstoffe i.d.F. vom 25.3.1972. Dieses internationale Vertragswerk zur Vereinheitlichung der Drogenkontrollen sieht „... allerdings in Art. 2 Abs. 5 b lediglich vor, daß jede Vertragspartei besondere Kontrollmaßnahmen trifft, die sie im Hinblick auf die besonders gefährlichen Eigenschaften dieser Suchtstoffe für erforderlich hält und verpflichtet jede Vertragspartei dazu, die Gewinnung, Herstellung, Ausfuhr, Einfuhr, den Sitz und die Verwendung dieser Suchtstoffe sowie den Handel damit zu verbieten, wenn sie dies im Hinblick auf die in ihrem Staat herrschenden Verhältnisse für das geeignetste Mittel hält, die Volksgesundheit und das öffentliche Wohl zu schützen" (Nagler-Eulering 1993). Laut Dünkel (1981, 675) wäre danach auch eine Legalisierung bestimmter Stoffe wie Cannabis und Heroin theoretisch möglich – sofern das Verbot als ungeeignetes Mittel eingeschätzt werden würde, das dem Schutz der Volksgesundheit und dem öffentlichen Wohl eher abträglich wäre (Hess 1991 in: Ludwig/Neumeyer).

Anders verhält es sich mit dem Wiener Übereinkommen der Vereinten Nationen gegen den unerlaubten Verkehr mit Suchtstoffen und psychotropen Stoffen vom 19.12.1988, das am 13.5.1993 im Bundestag und am 18.6.1993 im Bundesrat (gegen die Stimmen Hessens, Hamburgs, Bremens) ratifiziert wurde. Es sieht in Art. 3, Abs. 2 vor: „Besitz, Kauf oder Anbau von Suchtstoffen oder psychotropen Stoffen für den persönlichen Gebrauch" ist von den Vertragsparteien, „wenn absichtlich begangen, als strafbar zu definieren". Eisenbach/Stangl (1989, 10) schreiben dazu: „Den Vertragsparteien wird zwar gleichzeitig zugestanden, die Straftat ‚gemäß ihren Verfassungsgrundsätzen und den Grundzügen ihrer Rechtsordnung zu definieren', doch ist ohne Zweifel die Aufforderung zur Kriminalisierung des Drogenkonsums in der neuen Konvention weit unmißverständlicher und drängender formuliert als noch in der Single Convention." Darüber hinaus wird noch stärker eine Verquickung von Strafe und Therapie als „alternative Sanktion" für Konsumdelikte (Anbau, Kauf, Besitz für den persönlichen Verbrauch) empfohlen.

Der internationale Trend zur immer stärkeren Ausdehnung des sachlichen und personellen Geltungsbereichs der strafrechtlichen Drogenkontrolle deutet auf einen großen supranationalen Konsens in „der Drogenfrage" hin. Allerdings bestehen auch noch nach dem Wiener Übereinkommen Möglichkeiten, durch andere als strafrechtliche Maßnahmen unerwünschtes Verhalten zu ahnden. Sei es durch eine Ausdehnung des Opportunitätsprinzips oder durch Einstufung als Ordnungswidrigkeit mit der Verhängung von Bußgeldern.

Eine nüchterne Abwägung der Verhältnismäßigkeit der Mittel kann ferner zu dem Ergebnis führen, daß der massive strafrechtliche Einsatz zumindestens gegen die DrogenkonsumentInnen mit den Verfassungsgrundsätzen unvereinbar ist. Auch aus einer solchen Sichtweise ließe sich wenigstens eine weitgehende Entkriminalisierung der KonsumentInnen begründen. Schließlich sind auch solche internationalen Abkommen kündbar – es bedürfte nur eines mutigen Ausscherens aus dieser unheilvollen Koalition der vermeintlichen Drogenbekämpfer.

Anhang

GRÜNDUNGSAUFRUF DER DEUTSCHEN LIGA GEGEN DROGEN-
PROHIBITION

I.

Strafrechtliche Repression, die sich gegen Drogenkonsumenten wendet, ist inhuman und heuchlerisch, schädlich und ineffektiv.

– Sie ist doppelt inhuman: Denn einerseits wird dort, wo jemand autonom konsumiert, dessen Grundrecht, eigenverantwortlich über seine Lebensgestaltung, seinen Körper und seine Gesundheit zu befinden, ignoriert; andererseits wird dort, wo jemand offenkundig unter heteronomen Zwängen steht, das Opfer gegen alle Wirklichkeit zu einem autonom handelnden Straftäter gemacht.

– Sie ist heuchlerisch: Denn das geltende deutsche Recht stellt zwar den Konsum als solchen straflos, belegt aber die notwendigen Vorbereitungshandlungen zu einem solchen Konsum mit drakonischen Strafen.

– Sie ist ineffektiv: Denn, wie die bittere Erfahrung Tag für Tag lehrt, ist Drogenkonsum durch Strafrecht nicht zu bekämpfen; die Sucht immunisiert gegen die (wenn es sie überhaupt gibt) Abschreckungswirkung des Strafrechts.

– Und sie ist schließlich schädlich: Denn sie beseitigt nicht die Ursachen des Drogenkonsums; sie kriminalisiert und stigmatisiert ganze Bevölkerungsgruppen, grenzt sie gesellschaftlich aus und treibt sie in soziale und gesundheitliche Verelendung; sie bindet die Ressourcen von Polizei und Justiz in kaum erträglicher Weise; sie untergräbt die Freiheitsgarantien des Rechtsstaats und trägt so zur Stabilisierung organisierter Verbrechen und internationaler Machtkartelle, die ihrerseits die Fundamente des freiheitlichen Rechtsstaats massiv bedrohen und zerstören, bei.

II.

Aus diesen humanitären, rechtsstaatlichen und zweckrationalen Gründen treten wir ein

– für eine konsequente Entkriminalisierung des Drogenkonsums und der den Konsum ermöglichenden Vorbereitungshandlungen,

– für die Erarbeitung und Umsetzung von Modellen, die auf die Herausforderung der komplexen Drogenproblematik mit individuell- und sozial-konstruktiven, differenzierten, systemisch abgestimmten Lösungen antworten,

– für einen Paradigmawechsel in der Drogenpolitik, nämlich für einen Wechsel von der Kriminal- zur Gesundheitspolitik.

116

III.

Die strafrechtliche Prohibitionspolitik ist gescheitert; ihre Fortsetzung unverantwortbar. Die Liga hat sich primär das Ziel gesetzt, der massenhaften sozialen und gesundheitlichen Verelendung von Drogenkonsumenten Einhalt zu gebieten. Humanität im Umgang mit den Drogenkonsumenten tut Not. Dabei ist Abschied zu nehmen von der Fehlerwartung, daß durch eine noch so ausgeklügelte präventiv- oder repressivpolizeiliche Strategie das Drogenproblem aus der Welt geschafft werden kann. Wir müssen lernen, Drogenkonsum, Rausch, Abhängigkeit und Sucht als gesellschaftliche Normalität zu begreifen und mit dieser Normalität umzugehen. Gleichfalls ist aber auch Abschied zu nehmen von der Fehlerwartung, daß durch Entkriminalisierung pp. das Phänomen der organisierten Kriminalität „gelöst" werden kann. Denn der illegale Drogenhandel ist nur ein Zweig des organisierten Verbrechens; und deshalb ist es eine gefährliche, der Bedeutung des organisierten Verbrechens nicht gerecht werdende Perspektivenverkürzung, wenn mit der Aufhebung der strafrechtlichen Prohibitionspolitik die Vorstellung verbunden wird, auf diese Weise könnte das organisierte Verbrechen zum Verschwinden gebracht werden.

IV.

Auf diesen Grundlagen hat sich die Deutsche Liga gegen Drogenprohibition zum Ziel gesetzt:

Erstens: alle nationalen und internationalen Bemühungen zur Entkriminalisierung des Drogenkonsums und der diesen ermöglichenden Vorbereitungshandlungen zu unterstützen sowie darauf hinzuwirken, daß alle entgegenstehenden nationalen und internationalen Bestimmungen aufgehoben bzw. keine neuen, dieser Forderung widerstreitenden, insbesondere europarechtlichen Normierungen getroffen werden,

Zweitens: alle Bestrebungen, die einen sozial- und individuell-konstruktiven Umgang mit Drogenkonsum und Drogenabhängigkeit fordern, zu unterstützen,

Drittens: Forschungen auf den Gebieten der Ätiologie der Sucht, der pharmakologischen Differenzierung zwischen den einzelnen Drogen, der Prävention und der Therapie von Drogenabhängigkeit zu unterstützen und zu initiieren und zwar mit den Zielen,

– dem Konsumenten den eigenverantwortlichen Umgang mit der Droge zu ermöglichen,

– dem Abhängigen, wenn er es wünscht, in einer seine Menschenwürde nicht verletzenden Weise aus der Abhängigkeit herauszuhelfen und schließlich

– dem Abhängigen, der diesen Weg nicht beschreiten will oder kann, mit der von ihm benötigten Substanz angemessen und würdevoll zu versorgen.

Viertens: wissenschaftliche Tagungen und öffentliche Diskussionen über Fragen der Differenzierung zwischen den Drogen, über Präventions- und Legalisierungsmodelle zu veranstalten.

Zu diesem Zweck wird die Deutsche Liga gegen Drogenprohibition den Kontakt pflegen

– mit der im Jahre 1989 gegründeten Internationalen Liga gegen Drogenprohibition und den in der Folgezeit daraufhin gegründeten nationalen Ligen,

– mit den Verbänden, Organisationen und Selbsthilfevereinen, die sich dieselben oder ähnliche Ziele gesetzt haben und schließlich

– zu den Institutionen und Kommunen, wie Polizei, Großstädte und Justiz, die die Last der derzeitigen strafrechtlichen Drogenpolitik zu tragen haben und dadurch zunehmend in eine Legitimationskrise geraten.

Literatur

Ahrens, H. (1993): Partydrogen. Safer use-Info zu: Ecstasy, Speed, LSD, Kokain. Berlin (Ms.)

Albrecht, H.-J. (1991): Voraussetzungen und Konsequenzen einer Entkriminalisierung im Drogenbereich. In: Boor, W. de; Frisch, W.; Rode, I. (Hrsg.): Entkriminalisierung im Drogenbereich? Schriftenreihe des Instituts für Konfliktforschung, H. 13. Köln, S. 1–38

Albrecht, J. u.a. (1993): Strafrecht – Ultima Ratio. Baden-Baden

Albrecht, P. (1990): Die Mitverantwortung der Strafjustiz für das gegenwärtige Drogenelend. In: Drogalkohol, Nr. 3/90, S. 179–190

Ambos, K. (1993): Die Drogenkontrolle und ihre Probleme in Kolumbien, Perú und Bolivien. Eine kriminologische Untersuchung aus Sicht der Anbauländer unter besonderer Berücksichtigung der Drogengesetzgebung. Kriminologische Forschungsberichte aus dem Max-Planck-Institut für ausländisches und internationales Strafrecht, Bd. 65. Freiburg i. Br.

Amendt, G. (1992): Die Droge, der Staat, der Tod. Auf dem Weg in die Drogengesellschaft. Hamburg

Amnesty International, Bezirk Köln (1991): Nein zur Todesstrafe für Drogendelikte. (Ms.)

AMSEL-Studie (1991): Drogenabhängigkeit: Einbahnstraße oder Ausweg? In: drogenreport 12, H. 6/91, S. 23–36

Barsch, G. (1993): Alter Wein in neuen Schläuchen – im Osten 'was Neues?! In: akzept (Hrsg.): Menschenwürde in der Drogenpolitik. Ohne Legalisierung geht es nicht. Hamburg, S. 75–87

Bauer, Chr. (1992): Heroinfreigabe. Möglichkeiten und Grenzen einer anderen Drogenpolitik. Hamburg

Bauer, Chr. (1993): Opium fürs Volk. In: Die Woche, 7/93

Bauer, Chr.; Bossong, H. (1992): Am Ende werden wir doch legalisieren: Plädoyer für eine effektive Drogenkontrolle. In: Neue Praxis 1/92, S. 1–14

Bauer, Chr.; Bossong, H. (1992a): Zwischen Markt und Mafia. Modell einer effektiven Drogenkontrolle. In: Neumeyer, J.; Schaich-Walch, G. (Hrsg.): Zwischen Legalisierung und Normalisierung. Marburg, S. 79–96

Bauer, Chr.; Bossong, H. (1993): Konzepte einer kontrollierten Heroinabgabe am Beispiel der Schweiz und Deutschlands – Eine Übersicht. In: akzept (Hrsg.): Menschenwürde in der Drogenpolitik. Ohne Legalisierung geht es nicht. Hamburg, S. 133–141

Beck, U. (1986): Risikogesellschaft. Frankfurt/M.

Becker, H.S. (1981): Außenseiter. Zur Soziologie abweichenden Verhaltens. Frankfurt/M.

Becker, M.; Van Lück, W. (1990): Die Therapievorschriften des Betäubungsmittelgesetzes. Eine Effektivitätsanalyse. Freiburg i. Br.

Berufsverband Deutscher Psychologen (1992): Drogen: Psychologenverband warnt vor Freigabe. Für Süchtige Therapie gefordert. Pressemitteilung anläßlich des 15. Bundesdrogenkongresses v. 18.–21.5.1992 in Berlin

BMJFFG/BMI (1990): Nationaler Rauschgiftbekämpfungsplan. Bonn, 13.6.1990

Böllinger, L. (1991): Strafrecht, Drogenpolitik und Verfassung. In: KJ 24, S. 393–408

Böllinger, L. (1991a): Möglichkeiten und Grenzen der Legalisierung und Entkriminalisierung des Betäubungsmittelgebrauchs im Rahmen einer Novellierung des BtMG. Rechtsgutachten für die Deutsche AIDS-Hilfe e.V.

Böllinger, L. (1992): Verfassungsrechtliche und kriminalpolitische Aspekte eines Ausstiegs aus repressiver Drogenpolitik. In: Neumeyer, J.; Schaich-Walch, G. (Hrsg.): Zwischen Legalisierung und Normalisierung. Ausstiegsszenarien aus der repressiven Drogenpolitik. Marburg

Böllinger, L. (1993): Die Amoral der Ekstase. In: Böllinger, L.; Lautmann, R. (Hrsg.): Vom Guten, das noch stets das Böse schafft. Frankfurt/M.

Böllinger, L.; Stöver, H. (1992): Drogenpraxis, Drogenrecht, Drogenpolitik. Ein Leitfaden für Drogenberater, Drogenbenutzer, Ärzte und Juristen; 3. Aufl. Frankfurt/M.

Bossong, H, (1990): Normalisierung der Drogenpolitik. In: standpunkt: sozial 2/90, S. 9–13

Bossong, H. (1991): Akzeptanz als drogenpolitische Perspektive. Hamburg

Bossong, H. (1992): Aktuelle Probleme bei der Betreuung Opiatabhängiger. Steuerungsdefizite im Umgang mit Städtischen Drogenszenen. Vortrag anläßlich des 3. Essener Forums für psychosoziale Versorgung am 6.11.92 (Ms.)

Bossong, H. (1993): Diskussionsbeitrag: Kontrollierte Drogenfreigabe – Kapitulation oder Befreiungsschlag? In: Ärztliche Praxis Nr. 23 v. 20.3.1993

Bühringer, G. (1989): Die juristischen Maßnahmen sollten so gestaltet werden, daß Drogenabhängige möglichst früh therapeutisch erreicht werden und der Strafvollzug weitgehend vermieden wird. In: Adams, M. u.a.: Drogenpolitik. Freiburg i.Br., S. 19–28

Bundeskriminalamt (1992): Rauschgift-Jahresbericht 1992

Bundesrat (1991): Entwurf eines Gesetzes zur Bekämpfung des illegalen Rauschgifthandels und anderer Erscheinungsformen der Organisierten Kriminalität (OrgKG) BR-DS 219/91, v. 26.4.1991

Bundesregierung (1989): Bericht der Bundesregierung über die Rechtsprechung nach den strafrechtlichen Vorschriften des Betäubungsmittelgesetzes in den Jahren 1985–87. BT-DS 11/4329 v. 11.4.1989

Bürgerschaft der Freien und Hansestadt Hamburg (1991): Bericht der Enquete-Kommission „Bekämpfung der Drogensucht". Drucksache 13/7700 v. 29.4.1991

Bürgerschaft der Freien und Hansestadt Hamburg (1992): Landesprogramm Drogen. Hier: Sachstand der Umsetzung und Fortführung des Landesprogramms, Drucksache 14/1397 v. 24.3.1992

Charles, I.; Seidenberg, A. (1993): Kurzbeschrieb DDD-F. Zürich (Ms.)

Christie, N.; Bruun, K. (1991): Der nützliche Feind. Bielefeld

Cohen, P. (1992): Schadensminimierung durch Selbstregulierung. Ein Grundkonzept für die allgemeine Drogenpolitik. In: Schaich-Walch, G.; Neumeyer, J. (Hrsg.): Zwischen Legalisierung und Normalisierung. Marburg, S. 43–56

Cohen, P. (1993): Wie würde legalisierter Drogengebrauch im Alltag aussehen? In: akzept (Hrsg.): Menschenwürde in der Drogenpolitik, a.a.O., S. 196–204

Cremer-Schäfer, H. (1993): Gefährliche Rituale, nützliche Mythen. In: Kriminologisches Journal 1/93, S. 3–7

Davies, P.; Walsch, D. (1983): Alcohol Problems and Alcohol Control in Europe. London; New York

Dennis, R.J. (1990): The American People Are Starting To Question The Drug War. In: Trebach, A.S.; Zeese, K.B. (ed.): Drug Prohibition and the Conscience of Nations. Washington

Derks, J. (1988): The efficacy of the Amsterdam morphine dispensing programme. Paper presented at the Conference „Responding to drug problems – an Anglo-Dutch debate". The Royal Society of Medicine. London, 15.–16.9.1988

Deutscher Bundestag: Antwort der Bundesregierung auf die Kleine Anfrage der Abgeordneten Ingrid Köppe und der Gruppe Bündnis 90/Die Grünen (DS 12/2650), Drucksache 12/2838 v. 17.6.1992

Deutscher Bundestag (1993): Gesetzentwurf des Bundesrates. Entwurf eines Gesetzes zur Änderung des Betäubungsmittelgesetzes. Stellungnahme der Bundesregierung. Drucksache 12/5673 v. 15.9.1993

Diettrich-Hartleib; M. (1991): Gedanken zur Suchtprävention. In: akzept e.V. (Hrsg.): Menschenwürde in der Drogenpolitik, a.a.O., S. 199 ff..

Dünkel, F. (1981): Strafrechtliche Drogengesetzgebung im internationalen Vergleich. In: Völger, G. (Hrsg.): Rausch und Realität; Teil 2. Köln, S. 674–683

Eidgenössische Volksinitiative für eine vernünftige Drogenpolitik (1993): Veröffentlicht im Bundesblatt v. 18.5.1993

Eisenbach-Stangl, I. (1989): Drogenpolitik in den 80er Jahren: Drogenkrieg und AIDS. In: Kriminalsoziologische Bibliographie, H. 63/64, S. 3–15

FDR (1989): Zur Novellierung des Betäubungsmittelgesetzes. Vorgelegt zum 12. Bundesdrogenkongreß 1989. Hannover: Selbstverlag

Franzkowiak, P. : Risikoverhalten und Gesundheitsbewußtsein bei Jugendlichen. Berlin

Freie und Hansestadt Hamburg – Der Drogenbeauftragte des Senats (1993): Stellungnahme zur 5. BtMÄndV v. 30.8.1993 (Ms.)

Fuchs, W.J. (1993): Diskussionsbeitrag: Kontrollierte Drogenfreigabe – Kapitulation oder Befreiungsschlag? In: Ärztliche Praxis Nr. 23, 20.3.1993

Gerdes, K.; v. Wolffersdorff-Ehlert, Chr. (1974): Drogenscene: Suche nach Gegenwart. Stuttgart

GFM-GETAS (1990): Einstellungen zur Bedrohung durch Rauschgift. Ergebnisse einer repräsentativen Bevölkerungsumfrage. Hamburg, März 1990

Görgen, W. (1991): Auswirkungen der Drogengesetzgebung auf die ambulante und stationäre Beratung und Behandlung Drogenabhängiger. In: DHS (Hrsg.): Drogenhilfe und Drogenpolitik. Freiburg i. Br., S. 50 ff.

Haas (1993): Gedanken zur Drogenpolitik in 10 Kapiteln von Polizeipräsident Dr. Haas, Stuttgart 20.4.1993 (Ms.)

Habermas, J. (1981): Theorie des kommunikativen Handelns, 2 Bde. Frankfurt/M.

Harding, W.M. (1981): Kontrollierter Heroingenuß – ein Widerspruch aus der Subkultur gegenüber herkömmlichem kulturellen Denken. In: Völger, G.; Welck, K. (Hrsg.): Rausch und Realität. Drogen im Kulturvergleich, Bd. 2. Köln: Rautenstrauch Joest-Museum, S. 694–701

Hartwig, K.-H.; Pies, I. (1990): Ein ökonomisches Konzept für die Drogenpolitik. In: List Forum für Wirtschafts- und Finanzpolitik 16, H. 1, S. 72–88

Hassemer, W. (1987): Prävention und Strafrecht. In: JuS. S. 257–266

Heckmann, W. (1989): Verbesserung und Ausbau des Hilfesystems. Die Angebote können nicht vielfältig genug sein. Defizite bestehen insbesondere bei schwellenlosen und niedrigschwelligen Einrichtungen. In: Adams, M. u.a.: Drogenpolitik. Freiburg i.Br., S. 42–52

Hermann, W. (1991): JES – Junkies, Ehemalige, Substituierte: Geschichte, Forderungen, Zukunft einer Selbsthilfeinitiative. In: Schuller, K.; Stöver, H. (Hrsg.): Akzeptierende Drogenarbeit. Freiburg, S. 166–172

Hermann, W. (1992): Anforderungen von OpiatgebraucherInnen an eine bedürfnisgerechte Substitutionspraxis in der BRD. In: Bossong, H., Stöver, H. (Hrsg.): Methadonbehandlung. Ein Leitfaden. Frankfurt/M., S. 165–169

Hess, H. (1987): Rauchen: Geschichte, Geschäfte, Gefahren. Frankfurt/M.

Hess, H. (1989): Schattenwirtschaft und Abenteuerkapitalismus. Über den illegalen Drogenhandel, die Chancen und Kosten der Prohibition und die Vorteile einer alternativen Drogenpolitik. In: Neue Kriminalpolitik, H. 2, S. 24–29

Hess, H. (1989a): Tabak. In: Scheerer, S.; Vogt, I. (Hrsg.): Drogen und Drogenpolitik. Frankfurt/M., S. 125–158

Hess, H. (1991): Drogenmarkt und Drogenpolitik. In: Ludwig, R.; Neumeyer, J. (Hrsg.): Die narkotisierte Gesellschaft? Marburg, S. 32 ff.

Hess, H. (1992): Drogenpolitik und Drogenkriminalität. Von der Repression zur Entkriminalisierung. In: Schaich-Walch, G.; Neumeyer, J. (Hrsg.): Zwischen Legalisierung und Normalisierung. Ausstiegsszenarien aus der repressiven Drogenpolitik. Marburg, S. 18–42

Hessische Kommission ‚Kriminalpolitik' (1992): Entkriminalisierungsvorschläge zum Betäubungsmittelstrafrecht. In: Der Strafverteidiger 5/92, S. 249–254

Heudtlass, J.-H. (1991): Binnendifferenzierte Ansätze zum Drogenentzug und zur Drogenabstinenz im Drogenhilfesystem. In: akzept e.V. (Hrsg.): Leben mit Drogen. Akzeptierende Drogenarbeit als Schadensbegrenzung gegen repressive Drogenpolitik. Berlin 1991

Heudtlass, J.-H. (1993): Safer-use-Training–Beschreibung eines Seminarangebotes. In: Stöver, H. (Hrsg.): Die Fortbildungsarbeit der Deutschen AIDS-Hilfe im Bereich AIDS und Drogen (1990–92). Berlin: Eigenverlag DAH

Hildebrandt, H. (1992): Lust am Leben. Gesundheitsförderung mit Jugendlichen – Ein Ideen- und Aktionsbuch für die Jugendarbeit BDP, Projekt Gesundheit (Hrsg.), Frankfurt/M.

JES (1990): Safer Use – Weniger Risiko beim Spritzen. Leben mit Drogen Nr. 1 (Faltblatt)

Joho, M. (1993): Drogen im Stadtteil. In: akzept (Hrsg.): Menschenwürde in der Drogenpolitik, a.a.O., S. 64–74

Joset, P. (1991): Drogenpolitik und Betäubungsmittelrecht: Der Status quo und Reformansätze. In: Drogalkohol, Nr. 2/91, S. 85–96

Josuttis, M. (1981): Unbeholfene Überlegungen zu einer alternativen Drogenpolitik. In: Völger, G. (Hrsg.): Rausch und Realität – Drogen im Kulturvergleich. Köln: Rautenstrauch-Joest-Museum, S. 732

Jugendberatung und Jugendhilfe e.V. (1991): Forschungsprojekt „AMSEL". Abschlußbericht, Bd. 1+2. Frankfurt/M. (Selbstverlag)

Junge, B. (1990): Tabak. In: DHS (Hrsg.): Jahrbuch Sucht 1991, Hamm, S. 73–83

Kaiser, G. (1980): Kriminologie. Heidelberg; Karlsruhe

Kindermann, W. (1993): Drogen. Abhängigkeit, Mißbrauch, Therapie. München

Kleiber, D.; Pant, A. (1991): HIV-Prävalenz, Risikoverhalten und Verhaltensänderungen bei i.v. Drogenkonsumenten. Berlin

Koch, S.; Ehrenberg, S. (1992): Akzeptanz AIDS-präventiver Botschaften: Evaluation der Aufklärungs- und Beratungsarbeit bei i.v. Drogenabhängigen in der Bundesrepublik Deutschland. Emden

Körner (1990): Betäubungsmittelgesetz. 3. Aufl.

Körner, H.H. (1992): Drogenpolitische Wege und die Überwindung rechtlicher Hindernisse. In: Die Grünen im Hessischen Landtag (Hrsg.): Staatlich kontrollierte Abgabe von Heroin? Chancen und Risiken der praktischen Umsetzung. Wiesbaden

Körner, H.H. (1993): Strafrechtliches Gutachten zur Zulässigkeit von Gesundheitsräumen für den hygienischen und streßfreien Konsum von Opiaten. Frankfurt/M. 17.5.93 (Ms.)

Kowalsky, K. (1991): Die „real existierenden" Drogenlangzeittherapien. In: Ludwig, R.; Neumeyer, J. (Hrsg.): Die narkotisierte Gesellschaft? Marburg, S. 113–126

Kraushaar, B. (1993): Eidgenössische Volksinitiative für eine vernünftige Drogenpolitik / Tabula rasa mit der Drogenmafia. In: akzept (Hrsg.): Menschenwürde in der Drogenpolitik, a.a.O., S. 116–124

Kreuzer, A. (1986): Kriminologische Grundpositionen einer Drogenpolitik. In: Bewährungshilfe, S. 395–409

Kreuzer, A. (1989): Therapie und Strafe. Versuch einer Zwischenbilanz zur Drogenpolitik und zum Betäubungsmittelgesetz von 1981. In: NJW, H 24

Kreuzer, A. (1991): Mythen in der gegenwärtigen drogenpolitischen Diskussion. In: Böker, W.; Nelles, J. (Hrsg.): Drogenpolitik wohin?. Bern; Stuttgart, S. 129–146

Kreuzer, A.; Wille, R. (1988): Drogen – Kriminologie und -Therapie. Heidelberg

Landesregierung Schleswig-Holstein, Pressestelle (12.5.93): Strafverfahren auf die Dealer konzentrieren. Landesregierung verabschiedet Richtlinie zu Drogenstraftaten. Kiel (Ms.)

Leu, D. (1984): Drogen – Sucht oder Genuß. 3. überarb. Aufl. Basel

Leune, J. (1992): Illegale Drogen. In: DHS (Hrsg.): Jahrbuch Sucht 1993. Geesthacht, S. 50–64

MAGS – Ministerium für Arbeit, Gesundheit und Soziales des Landes Nordrhein-Westfalen (1993): Substitution bei Opiatabhängigen. Erfahrungen und Einordnung in ein Gesamtversorgungskonzept Drogenabhängiger. Beiträge zu einer Fachtagung am 3.6.1993, Congress-Centrum Ost. Köln

Marks, J. (1992): Heroinvergabe. Das englische System in Widnes, Merseyside. In: Neumeyer, J., Schaich-Walch, G. (Hrsg.): Zwischen Legalisierung und Normalisierung. Marburg, S. 57–77

Marzahn, Chr. (1983): Plädoyer für eine gemeine Drogenkultur. In: Beck, J. u.a. (Hrsg.): Das Recht auf Ungezogenheit. Reinbek

MDHG (1987): Op eigen houtje afkicken. Tips en ervaringen. Amsterdam: Selbstverlag

Medical Tribune (1993): BtM-Gesetz: Sinnlos – weg damit! Nr. 31, S. 3

Michels, I.I. (1993): Wie müßte eine Substitutionsbehandlung aus der Sichtweise der davon Betroffenen aussehen? Welche Fragen stellen sich noch? Vortrag auf den Münchener AIDS-Tagen v. 12.–14.2.1993

Ministerium für Gemeinwohl, Gesundheit und Kultur (1989): Drogenpolitik: Informationen über die Niederlande (Ms.)

Mino, A. (1990): Wissenschaftliche Literaturanalyse der kontrollierten Heroin- oder Morphin-Abgabe. Expertise im Auftrag des Bundesamtes für Gesundheitswesen Bern. Dt. Zusammenfassung v. Claude Bossy

124

Müller, R. (1991): Was nutzt und kostet uns die Repression? In: Drogalkohol, Nr. 2/91, S. 75–84

Nagler-Eulering, A. (1993): Die Novellierung des Betäubungsmittelgesetzes als Voraussetzung für Wege in die Legalisierung – aus juristischer Sicht. In: akzept (Hrsg.): Menschenwürde in der Drogenpolitik! Ohne Legalisierung geht es nicht. Hamburg, S. 142–152

Neskovic, W. (1992): Haschisch legalisieren! In: Die Zeit v. 28.2.92

Nöcker, G. (1990): Von der Drogen- zur Suchtprävention. MAGS-NRW (Hrsg.), Düsseldorf (Selbstverlag)

Noller, P. (1990): Chancen und Risiken der kontrollierten Vergabe von Heroin/Morphium. Gutachten im Auftrag des Magistrats der Stadt Frankfurt, Drogenreferat. (Ms.)

Olvedi, U. (1972): LSD-Report. Frankfurt/M.

Palette e.V.; Hrsg. (1992): Warum wir für die Legalisierung von Heroin sind. Streitschrift zum 5. Geburtstag der Palette e.V. Hamburg

Pant, A.; Kleiber, D. (1993): HIV-Epidemiologie und Risikoverhalten bei i.v. Drogenkonsumenten – Ergebnisse aus der Forschung. In: Stöver, H. (Hrsg.): Die Fortbildungsarbeit der Deutschen AIDS-Hilfe. Berlin: Deutsche-AIDS-Hilfe (Selbstverlag)

Pilgram, A. (1980): Grundsätze einer rationalen Drogenpolitik. In: Mader, R.; Strotzka, H. (Hrsg.): Drogenpolitik zwischen Therapie und Strafe. Wien: J & V, S. 507–526

Pommerehne, W.W.; Hart, A. (1991): Drogenpolitik(en) aus ökonomischer Sicht. In: Grözinger, G. (Hrsg.): Recht auf Sucht? Berlin

Quensel, St. (1980): Unsere Einstellung zu Drogen. In: Kriminologisches Journal 12, S. 1–16

Quensel, St. (1982): Drogenelend. Frankfurt/M.

Raith, W. (1993): Italien nimmt Kriminalisierung von Junkies zurück. In: die tageszeitung v. 15.1.93

Raschke, P. (1993): Folgen der Kriminalisierung. In: akzept (Hrsg.): Menschenwürde in der Drogenpolitik, a.a.O., S. 30–47

Reeg, A.R. (1989): Strafrecht in der Drogenpolitik. Was hilft – more of the same oder ein radikales Umdenken? In: Neue Kriminalpolitik, H. 2, S. 30–35

Regionalverband akzept – Westfalen-Lippe (1993): Einrichtung einer Beschwerdestelle für Übergriffe gegen die Menschenwürde in der Therapie

Release (1971): Helft euch selbst! Der Release Report gegen die Sucht. Reinbek

Rüter, C. F. (1992): Drogenbekämpfung: Was machen wir falsch? In: Lindemann, K.E.R. (Hrsg.): Karlsruher Symposien zur Drogenproblematik 1. Karlsruhe, S. 195–215

Rüter, C. F. (1990): Wo kämen wir hin ohne Strafrecht? In: Suchtreport Nr. 6, 1990, S. 29–36

Scheerer, S. (1992): Drogenpolitik ohne Strafrecht. In: Neue Kriminalpolitik 4/1992, S. 22–25

Scheerer, S. (1992a): Die Alkoholprohibition in den USA: Ende einer Illusion. In: Schweizerische Weinzeitung 100, H. 15, S. 95–100

Scheerer, S. (1993): Aus der Geschichte lernen? Einige Fälle, in denen die Prohibition schon mal abgeschafft wurde. In: akzept (Hrsg.): Menschenwürde in der Drogenpolitik, a.a.O., S. 107–115

Scheerer, S.; Vogt, I. (Hrsg.): Drogen und Drogenpolitik. Ein Handbuch. Frankfurt/M.

Schlömer, H. (1993): Gesundheitsförderung statt Drogenprävention – ein Beitrag zu mehr Menschenwürde und seine drogenpolitischen Konsequenzen. In: akzept (Hrsg.): Menschenwürde in der Drogenpolitik, a.a.O., S. 186–195

Schmid, R. (1993): Nur vier Prozent aller Opiatabhängigen erhalten Levomethadon. In: Ärzte-Zeitung v. 28.6.1993

Schmidt-Semisch, H. (1990): Drogenpolitik. Zur Entkriminalisierung und Legalisierung von Heroin. München: AG SPAK

Schmidt-Semisch, H. (1992): Drogen als Genußmittel. Ein Modell zur Freigabe illegaler Drogen. München: AG SPAK

Schneider, W. (1991): Hebt das Abstinenz-Dogma auf! In: Sozial Extra, Okt., S. 9 f.

Schneider, W. (1993): Statement zur Anhörung der SPD-Landtagsfraktion Rheinland-Pfalz „Neue Wege in der Drogenpolitik" am 26.1.93 in Mainz. In: SPD-Fraktion im Landtag Rh.-Pf. (Hrsg.): Dokumentation der Anhörung „Neue Wege in der Drogenpolitik", Mainz, 26.1.93

Schuller, K. (1991): Von Release zur Therapeutischen Kette – und zurück? In: Schuller, K; Stöver, H. (Hrsg.): Akzeptierende Drogenarbeit. Ein Gegenentwurf zur traditionellen Drogenhilfe. Freiburg, S. 31–51

Schwehm, H. (1990): „Legalisieren, Liberalisieren, Entkriminalisieren, Substituieren". Präventive Aspekte zu aktuellen Vorschlägen. Beschlossen von der FDR-Mitgliederversammlung als FDR-Stellungnahme am 23.3.1990. In: FDR-Berichte 24, Mai 1990

Seidenberg, A. (1992): Das Drogenproblem: eine falsche Frage. In: Neumeyer, J., Schaich-Walch, G. (Hrsg.): Zwischen Legalisierung und Normalisierung. Marburg

Sozialamt Stadt Zürich: Diversifizierte Verschreibung von Betäubungsmitteln für Schwerstabhängige. Konzept für ein Projekt des Sozialamtes der Stadt Zürich. Nov. 1992 (Ms.)

Spiegel (1989): Spiegel-Spezial: Geißel-Rauschgift. Hamburg

Spiegel (1990): „Der Gegner überschätzt uns". Die kriminelle Erfolgsbranche der Dealer. Warum die Polizei machtlos ist. H. 29, S. 149

Springer, A. (1991): Heroinmythologie und Heroinkontrolle: zur Sozialgeschichte einer Beziehung. In: Böker, W.; Nelles, J: (Hrsg.): Drogenpolitik wohin?: Sachverhalte, Entwicklungen, Handlungsvorschläge. Bern; Stuttgart, 1991, S. 113–128

Stadt Frankfurt a.M., Drogenreferat (1993): Projektbeschreibung Frankfurter Diamorphin-Projekt „Diapro" – Wissenschaftliche Erforschung der kontrollierten Verabreichung von Diamorphin (Heroin) an spezifische Gruppen von Opiatabhängigen durch das Gesundheitsamt der Stadt Frankfurt am Main. (Ms.)

Stocker, M. (1992): Autonomie und Konsumzwang. Suchpfade in einer wirren Welt. In: die kette 19, Nr. 1/92, S. 19–22

Stöver, H. (1991): Methadon, Methadon … – Eine kritische Durchsicht aktueller Literatur zur Substitutionsbehandlung. In: Kriminologisches Journal, H. 2/92, S. 116–132

Stöver, H. (1993): HIV/AIDS-Prävention im Strafvollzug? In: Kriminologisches Journal 3/93

Stöver, H., Hrsg. (1991): Der tolerierte intravenöse Drogengebrauch in den Angeboten der Drogen- und AIDS-Hilfe. AIDS-Forum D.A.H., Bd. VI. Berlin: Eigenverlag

Such, M. (1993): Blauäugige Hoffnung auf Kontrolle. In: die tageszeitung v. 24.8.1993

Suter, R. (1991): Die Gewinnerinnen der Drogenprohibition. 3. Aufl., Zürich: Selbstverlag (Kalkbreitestr. 42, 8003 Zürich)

Szasz, Th. (1988): A Plea for the Cessation of the Longest War of the Twentieth Century – The War on Drugs. In: The Humanistic Psychologist 16, No. 2, Autumn 1988, S. 314–322

Thamm, B.G. (1989): Drogenfreigabe – Kapitulation oder Ausweg? Hilden/Rhld.

Trautmann, F. (1992): Perspektiven akzeptierender Drogenarbeit in den Niederlanden. In: streetcorner 5, H.2, S. 82–90

Trautmann, F. (1993): AIDS-Prävention von und für Drogenkonsumenten – niederländische Erfahrungen mit Peer-Support. (unveröffentl. Ms.)

Vogt, I. (1990): Abhängigkeit und Sucht. Anmerkungen zum Menschenbild in Suchttheorien. In: Drogalkohol 14, S. 140 ff.

Weber, G.; Schneider, W. (1992): Herauswachsen aus der Sucht illegaler Drogen. Düsseldorf

Wilmot, R.S.; Ryan,T.M.(1989): The Drug License. In: Trebach, A.; Zeese, K.B. (ed.): Drug Policy 1989–1990: A Reformer's Catalogue, S. 152–156

Wolf, J.C. (1991): Paternalismus, Moralismus und Überkriminalisierung. In: Grözinger, G. (Hrsg.): Recht auf Sucht? Berlin

Zeese, K.B. (1990): Ignoring the Lessons of Drug Wars Past. In: Trebach, A.S.; Zeese, K.B. (Hrsg.): Drug Prohibition and the Conscience of Nations. Washington: The Drug Policy Foundation, S. 30–38

Autor

Dr. rer. pol. Heino Stöver ist Mitbegründer des Archivs und Dokumentationszentrums für Drogenliteratur (ARCHIDO) und des Bundesverbands für akzeptierende Drogenarbeit und humane Drogenpolitik. Er arbeitet als Lehrbeauftragter an der Universität Bremen, Studiengang Sozialpädagogik, und als Dozent für Fortbildung im Bereich AIDS und Drogen bei der Deutschen AIDS-Hilfe. Seit 1993 ist er Geschäftsführer des Vereins Kommunale Drogenarbeit / Verein für akzeptierende Drogenarbeit e.V. in Bremen.